Faber

—

„... der hebe den ersten Stein auf sie.“

Richard Faber

„... der hebe den ersten Stein auf sie.“

Humanität, Politik und Religion bei Theodor Fontane

Königshausen & Neumann

Umschlagabbildung Vorderseite:

Das Grabmal der Familie Humboldt in Tegel.
Lithographie, Anfang des 19. Jahrhunderts.

Umschlagabbildung Rückseite:

Hans Rottenhammer: Christus und die Sünderin, um 1580.
Öl auf Leinwand. Statens Museum for Kunst, Kopenhagen.

Bibliografische Information der Deutschen Nationalbibliothek

Die Deutsche Nationalbibliothek verzeichnet diese Publikation in der Deutschen Nationalbibliografie; detaillierte bibliografische Daten sind im Internet über http://dnb.d-nb.de abrufbar.

Gedruckt auf säurefreiem, alterungsbeständigem Papier
Umschlag: skh-softics / coverart
Bindung: Zinn – Die Buchbinder GmbH, Kleinlüder

Printed in Germany
ISBN 978-3-8260-4920-0
www.koenigshausen-neumann.de
www.buchhandel.de
www.buchkatalog.de

„Sei milde stets ...“

Sei milde stets und halte fern
Von Hoffart deine Seele,
Wir wandeln alle vor dem Herrn
Des Wegs in Schuld und Fehle.

Woll' *einen* Spruch, woll' *ein* Geheiß
Dir in die Seele schärfen:
„Es möge, wer sich schuldlos weiß,
Den Stein auf andre werfen!“

Die Tugend, die voll Stolz sich gibt,
Ist eitles Selbsterheben;
Wer alles *Rechte* wahrhaft liebt,
Weiß *Unrecht* zu vergeben.

Theodor Fontane, 1849

Inhaltsverzeichnis

Einleitung oder: Kirchlichkeit in der Krise 9

1. Konfessionalismus im allgemeinen 23
2. Reformierte und lutherische Rechtgläubigkeit im besonderen 29
3. Aufklärung(stheologie) und Pseudoaufgeklärtheit 39
4. Dissentertum und Pietismus im allgemeinen, Herrnhutertum und Mennonitentum im besonderen 51
5. Hochkirchliches Bündnis von Thron und Altar zugunsten gottgewollter Ständeordnung 57
6. Von Christlich-Sozial-Konservativem zu (Christlich-) Humanistisch-Sozialliberalem 67
7. Differenzierungen im Katholizismus, unter klarer Favorisierung der ihm partiell zugesprochenen Ästhetik, Barmherzigkeit, Heiterkeit, Kultiviertheit, Weltkindschaft und Wohltätigkeit 75
8. Deutliches Plädoyer zugunsten von Mitleid und Hilfsbereitschaft. Kein Exkurs 87
9. Christlichkeit und Humanität im allgemeinen, auf der klassischen Antike fußender Humanismus im besonderen 91
10. Humaner Vorzug der ‚heidnischen' Wenden vor den christlichen Deutschen 105
11. Preußisch-deutscher Nationalprotestantismus und völkisch-germanischer Neopaganismus 115

12. Antijudaismus, Antisemitismus, Anti-Antisemitismus und Judäophilie 125

13. Venezianisch-erasmianischer Humanismus. Variationen über Joh. 8,3–11: „L'adultera“ 143

Exkurs I: Integrierte Staatsbürgergesellschaft versus Klassenkampf von oben wie unten. Im Anschluss an Gudrun Loster-Schneider 153

Exkurs II: Fontanes Schriften „Kriegsgefangen“ und „Aus den Tagen der Okkupation“, 1870/71. Würdigende Anmerkungen 157

Exkurs III: Fontane, Joh. 8,3–11, Lessings „Nathan der Weise“ und Shakespeares „Der Kaufmann von Venedig“. Auch eine Kritik an Eckart Beutel 159

Einleitung oder: Kirchlichkeit in der Krise*

Für Volkhard Krech und Susanne Lanwerd

Theodor Fontane, mit zehn Jahren fest entschlossen, Professor für Geschichte zu werden, entwickelte von Kindesbeinen an eine ausgeprägte Vorliebe für die Historie[1], nicht zuletzt die Kirchen- und Religionsgeschichte. Er war an Historie als solcher interessiert, doch – Journalist, der er im emphatischen wie wörtlichen Sinn war – gerade auch an Zeit-, ja Tagesgeschichte. Fontane war ebenso Ethnologe wie Historiker, jedenfalls teilnehmender Beobachter und Zeitzeuge, weshalb er bald selbst eine historische Quelle abgab: eine so komplexe wie literarische.[2]

Differenziert, weil reflektiert, heißt es z.B. im zeithistorischen Roman „Effi Briest“, die Sängerin Tripelli kenne religiös „nur *eine* Richtung ..., die orthodoxe“, obwohl sie „persönlich des großen Vorzugs genieße, gar nichts zu glauben. Aber sie sei sich in ihrem entschiedenen Nichtglauben doch auch jeden Augenblick bewusst, dass das ein Spezialluxus sei, den man sich nur als Privatperson gestatten könne. Staatlich höre der Spaß

---

* Fontane wird in der Regel im fortlaufenden Text – in Klammern gesetzt – zitiert wie folgt: R = Sämtliche Romane, Erzählungen, Gedichte, Nachgelassenes. Bde. 1–7, Darmstadt 2002(identisch mit der Fontane-Ausgabe des Münchner Carl Hanser Verlags, 1990 (3. Aufl.)); W = Wanderungen durch die Mark Brandenburg. Bde. 1–3, Darmstadt 2002. Die jeweils erste Ziffer nach einem der beiden Buchstaben bezeichnet den Band, die auf den Semikolon folgende(n) Ziffer(n) gibt (geben) die Seitenzahl(en) an.

[1] Vgl. Th. Fontane, Jenseit des Tweed. Bilder und Briefe aus Schottland, Berlin 2002 (2. Aufl.), S. 301/2.

[2] Vgl. R. Faber, Resignierte Auflösung und Erstarrung. Zu Theodor Fontanes Historischem Preußen-Roman „Geert Instetten“ alias „Effi Briest“, in: ders./I.U. Paul (Hg.), Der historische Roman zwischen Kunst, Ideologie und Wissenschaft, Würzburg 2012.

auf, und wenn ihr das Kultusministerium oder gar ein Konsistorialregiment unterstünde, so würde sie mit unnachsichtiger Strenge vorgehen. ‚Ich fühle so was von einem Torquemada in mir.'" (R 4; 95)

Fontane spürte „so was" bestimmt nie in sich und stand dem „Bestreben, mit Hülfe des Schutzmanns, bzw. des Staatsanwalts ... ‚wieder Religion ins Land zu schaffen'" nicht erst in seinem letzten Lebensjahrzehnt höchst ablehnend gegenüber: „Kein vernünftiger Mensch wird 'was gegen Religion haben, wenn er persönlich auch nicht mitmacht. Glaubt meinetwegen, dass die Balken brechen; ich habe zwar noch nicht gesehn, dass viel dabei herauskommt, aber wenn es ehrlich ist, geb ich dem Gläubigen seine Ehre. Nur das Anpacken dieser feinen Dinge von außen her, widersteht mir aufs äußerste ..."[3]

Glaube und Religion sind unabhängig von jeder persönlicher Einstellung „feine Dinge" und verlangen deshalb eine komplexe bzw. differenzierte Darstellung, voller Respekt gegenüber „ehrlichem" Glauben. Fontane insistiert darauf nicht nur abstrakt, sondern erfüllt sein Postulat konkret, obwohl oder gerade weil auch er zu den weithin Religionslosen im Land Brandenburg-Preußen gehört. Den *fragwürdigen* Vorzug seiner Tripelli, „gar nichts zu glauben" genoss er freilich nie.

Wie zu zeigen sein wird, war Fontane alles andere als ohne humanes Ethos *und* sich bei ihm seiner gerade auch biblisch-christlichen Deszendenz voller Dankbarkeit bewusst. Gar nicht inkonsequent musste er allerdings – eben deshalb – gegen nicht selten konstitutive Heuchelei höchst aufgebracht sein: gegen karrieristische Beamte zum nicht beliebigen Beispiel, die in religionibus „bloß so mit(machen)" oder, „zu klug", um etwas zu wollen, „was man oben nicht will" (R 2; 117), die kirchliche Richtung wählen, die „gerade gilt und nach oben hin empfiehlt" (R 5; 23/4).

---

3 Th. Fontane, Briefe an Georg Friedlaender, Heidelberg 1954, S. 170/71

Die vielfältige Bredouille, in die der Titel-‚Held' der Fragment gebliebenen „märkischen Novelle" „Storch von Adebar" steckt, schildert Fontane geradezu strukturalistisch: „Er glaubt eigentlich gar nichts und soll fromm sein, ... er hat ein natürliches Mitleid mit dem armen Mann und soll hart sein und ihm den Traktätchen-Stein anstelle des Brots des Lebens geben. Wenn ich von Brot des Lebens spreche, meine ich Viergroschenbrot" (R 7; 403) – und nicht ‚Manna' oder den ‚Leib des Herrn' (der den Körper des „armen Mannes" auch nicht nähren würde).

Wir verweilen zunächst beim Unglauben und dem Umgang mit ihm:

- Da ist, recht repräsentativ, der alte Stechlin, der seinem ihm treuergebenen Sohn Woldemar bekennt: „Ich bin ja, wie du weißt, eigentlich kirchlich, wenigstens kirchlicher als mein guter Pastor ..., aber ... bei ‚niedergefahren zur Hölle' kann mir's passieren, dass ich nolens volens ein bisschen tolles Zeug rede." – „Dubslav von Stechlin, Major a. D. und schon ein gut Stück über Sechzig hinaus" (R 5; 23 und 9), ist bereits Ende des vorletzten Jahrhunderts nur noch *eigentlich* kirchlich, d.h., „eigentlich" eigentlicher verstanden, *un*gläubig – jedenfalls wenn man das altehrwürdige Credo bzw. Apostolicum aller Bekenntnisse unterstellt.[4]

- Da gibt es in „Unwiederbringlich" den schleswig-holsteinischen Grafen Helmuth von Holk, dem seine pietistisch-orthodoxe Gattin Christine vorwirft, gern „den Freigeist zu spielen", doch nur um zu betonen: „... ich sage nicht, ein Freigeist zu sein. Ein Freigeist *sein,* das kann er nicht, dazu reichen seine Gaben nicht aus, auch nicht die seines Charakters. Und das ist eben das Schlimme. Mit einem Atheisten

[4] Zum kirchengeschichtlichen Kontext, dem sogenannten Apostolikumsstreit des Jahres 1892 vgl. J. Rathje, Die Welt des freien Protestantismus. Ein Beitrag zur deutsch-evangelischen Geistesgeschichte, Stuttgart 1952, S. 64–77.

könnte ich leben, wenigstens halte ich es für möglich, ja, mehr, es könnte einen Reiz für mich haben, ernste Kämpfe mit ihm zu bestehen. Aber davon ist Helmuth weit ab. Ernste Kämpfe! Das kennt er nicht." – Das provokativ freigeistige Fräulein von Rosenberg bestätigt Christine auf ihre komplementäre Weise: „Ich bezweifle ... keinen Augenblick, dass (d)er (Graf Holk) jeden Sonntag in seiner Dorfkirche sitzt und jedes Mal aus seinem Halbschlummer auffährt, wenn die Glaubensartikel verlesen werden, aber ich bezweifle, dass er weiß, was drinsteht, und wenn er's weiß, so glaubt er's nicht": beispielsweise das „Niedergefahren zur Hölle". „Trotzdem aber schnellt er in die Höh' oder vielleicht auch gerade deshalb." (R 2; 618 und 693)

Was in Fontanes „Cécile" General von Rossow die „protestantische Freiheit der Geister" nennt: „in die Kirche zu gehen und *nicht* in die Kirche zu gehen" (R 2; 271), ist eine bedingte – jedenfalls für Staats- und Standespersonen –, doch noch oder gerade die Heuchelei eines Herrn von Holk, letztlich aber auch von Stechlin bestätigt den substantiellen Glaubensverlust selbst des nordostdeutschen *Adels,* der sich vor jedem offenen Atheismus wohlweislich zu hüten wusste.

Gerade General von Rossow spricht (an oben zitierter Stelle) generell; repräsentativ im *quantitativen*, auf die wenigstens Berliner *Gesamt*bevölkerung abzielenden Sinn: „Berlin hat 30 protestantische Kirchen, und in jeder finden sich allsonntäglich ein paar hundert Menschen zusammen; ein paar mehr oder weniger darauf kommt es nicht an. In der Melonenkirche habe ich einmal fünfe gezählt, und wenn es sehr kalt ist, sind es noch weniger." (R 2; 271)

Komplementär heißt es schon in den „Wanderungen durch die Mark Brandenburg": „Während wir jetzt beispielsweise Berliner Gemeinden von 40000 Seelen haben, die's nur mühevoll zu einer Kapelle bringen, schufen damals" – im vorreformatorischen Mittelalter – „allerkleinste Städte Kirchen ..., die uns auch heute noch, aller Verstümmelungen und Beraubungen unerachtet, durch ein gewisses Maß von Schönheit und Reichtum imponieren." (W 1; 426/7)

Beim monströsen „Berliner Dom" Wilhelms II. ist das nicht erst heute kaum mehr jemandem möglich. Noch bevor der letzte Kaiser ihn 1905 einweihen konnte, lässt Fontane seine „ihrer ganzen Natur nach ... ungläubig(e)" Melusine recht ironisch formulieren: „Da heißt es nun immer, Berlin sei so kirchenarm; aber wir werden bald Köln und Mainz aus dem Felde geschlagen haben. Ich sehe die Nikolaikirche, die Petrikirche, die Waisenkirche, die Schlosskuppel, und das Dach da, mit einer Art von chinesischer Deckelmütze, das ist, glaub' ich, der Rathausturm. Aber freilich, ich weiß nicht ob ich den mitrechnen darf." (R 5; 269 und 138)

Besondere Pointe dieser augenzwinkernden Causerie ist folgende Binnenerzählung des „Stechlin" – wieder parliert Fontanes Liebling Melusine: der neupietistische Ministerialbeamte im preußischen Kultusministerium von Rex habe nicht nur von dem „Ernst der Zeiten" zu sprechen angefangen, sondern auch von dem Bau neuer Kirchen „einen allgemeinen, uns nahe bevorstehenden Umschwung" erwartet. „Was mich" – Melusine – „natürlich erheiterte" (R 5; 204) und Fontane mit ihr. Dieser weiß genau, dass schon *Mitte* des 19. Jahrhunderts Friedrich Wilhelms IV. Versuch einer Rechristianisierung gescheitert war: „Die Kirche hatte sich, als der Sarg unmittelbar über der Gruftsenkung niedergelassen war, auf all ihren Plätzen gefüllt, und auch die seit dem Tode Friedrich Wilhelms IV. sonntäglich meist leerstehende herrschaftliche Loge, *heute* war sie besetzt." (R 2; 562)

Am Begräbnistag eines herrschaftlichen Familienmitglieds ‚muss das sein', wie ich die zuletzt zitierte Passage aus Fontanes Roman „Stine" ergänze. Wichtig bzw. entscheidend ist: Selbst der staats- *und* kirchentragende Adel ist weitgehend entkirchlicht – schon vor der vorletzten Jahrhundertwende. – Bereits das Leben im Elternhause von Fontanes mütterlicher Freundin, dem Stiftsfräulein Mathilde von Rohr, war „sehr einfach, selbst in die Kirche kam man *wenig*, weil der Prediger nur selten nach dem Filial herüberkam, und so ging man denn sonntags früh auf Wald und Feld hinaus, wo seitens des Vaters *eine Art* Gottesdienst abgehalten wurde. Man begnügte sich damals mit wenig, und Gott anbeten *in der Natur* war so gut wie was anderes. Es kam bloß auf ‚Andacht' an, ein Standpunkt, der für ketzerischer gilt, als er vielleicht sein sollte"[5], wie Fontane in seinem Nachruf auf das Stiftsfräulein mit aller angebrachten Vorsicht urteilt.

Jedenfalls geht er, was seine eigene und die nachfolgende Generation betrifft, von einer weitgehenden Entkirchlichung des öffentlichen (und privaten) Lebens aus. In einem Brief an seinen vertrauten Freund Georg Friedlaender heißt es sogar: „Lasse ich die paar tausend orthodoxen Pastoren außer Spiel, so gibt es nur Rationalisten, Deisten und Atheisten"[6]. – Laienvertreter der „strengkirchlichen Richtung" (R 3; 219), um nicht von ‚Talarwanzen' zu sprechen, werden – wieder in „Storch von Adebar" – karikiert wie folgt: „Sie bauen Kirchen und Schulhäuser, interessieren sich für innere Mission, kümmern sich um Wichern und das Rauhe Haus, schicken ihre Frieda als ‚Schwester' nach Bethanien etc., haben Pastoral-Konferenzen, erörtern die Frage von der Union (der Reformierten mit den Lutheranern, R.F.), als ob die Welt davon abhinge, sind auch nicht ohne wirkliche Gutmütigkeit und Hülfebereitschaft, au fond aber doch nur hohle Sechser-Aristokraten von der dümmsten Sorte. Alles ist doch schließlich Eitelkeit, Dünkel, Aufgeblasenheit, Wichtigtuerei. Dazwischen brennt denn eine Tochter durch und ein Sohn muss nach Amerika. Das ist dann *Läuterung u. Prüfung.*" (R 7; 393/4)

Generell habe „die kirchliche Welt, und wenn es auch nur ihr Ausläufer in Gestalt eines Cantors wäre, ... an Lächerlichem und Bedenklichem vor dem Rest der Menschheit immer einen

---

5 Th. Fontane, Sie hatte nur Liebe und Güte für mich. Briefe an Mathilde von Rohr, Berlin 2000, S. 8.

6 Th. Fontane, Briefe an Georg Friedlaender, S. 242.

Schritt voraus“[7]. Kaum weniger lächerlich sind freilich die, die „für Poetisches“ *schwärmen* und deshalb „*auch* kirchlich“ sind. So lässt Fontane eine einschlägige junge Dame ‚sich‘ im Fragment „Ehen werden im Himmel geschlossen“ ‚bekennen‘: „Ich finde den Unglauben trivial, vor allem ganz unpoetisch; das zieht mich in die Kirche, trotzdem ich dem Dogma misstraue, wenn ich mir diesen Ausdruck erlauben darf. Vielleicht wäre es richtiger zu sagen: das Dogma misstraut mir, es will sich mir in seiner Größe nicht recht erschließen; ich bin nicht auserwählt. Aber es findet sich wohl noch. Ich finde mich nämlich zu kirchlichen Männern am meisten hingezogen, ihr heiliges Amt und dann weil sie meist etwas ausgesprochen Männliches haben. Sie haben oft einen Blick, dass man an Hypnose glauben könnte.“ (R 7; 497)

„Ich bekenne ..., dass ich für Großstadt und Hof bin“, wie die Konfessorin fortfährt; „es ist eine andre Luft, aber auch das Idyll einer Landpfarre hat ihren eignen idyllischen Zauber. Eine Laube dicht in Geißblatt gehüllt und nur durch einen Kirchhof mit seinen Kreuzen und seinen Schmetterlingen von der kleinen Kirche, vielleicht noch gotisch, getrennt und dann die Abendglocken und dazwischen die Glöckchen der heimkehrenden Herde, die Braune mit dem weißen Fleck vorauf, – ja ... Da schweigt das Triviale, das ist was ich *poetisch* nenne.“ (R 7; 497)

Fontane gibt die Kitsch-Dame voll der Lächerlichkeit preis, doch dass er selbst unempfänglich (speziell) für (märkische) Dorfpfarren gewesen wäre, lässt sich keineswegs behaupten, ganz im Gegenteil: Auch für ihn „blitzte“ noch hinter dem Briest’schen Gut zu Hohen-Cremmen – und nicht nur als „Landschaftsdekoration“ (W 2; 428) – ein „neuerdings erst wieder vergoldeter Wetterhahn“ vom „Schindelturm“ der Kirche

---

[7] Ebd., S. 94.

(R 4; 7), nicht anders als für den Dorfpfarrer-Dichter Eduard Mörike in seinem Cleversulzbach[8].

Fontane hat im ausführlichen Porträt des „vielgenannten ‚Pastor *Schmidt von Werneuchen*'", geboren „den 23. März ... 1764 in dem reizend gelegenen Dorfe Fahrland bei Potsdam", sich ausdrücklich auf Mörike bezogen, obwohl dessen „Humor ... um vieles mächtiger" gewesen sei, als der des Pfarr-Idyllikers von Werneuchen. Und so schildert er *dessen* Garten, der „seine beständige Freude" gewesen. „Er hätte ohne diese tägliche Berührung mit dem Leben der Natur nicht sein können" (W 2; 657, 662 und 659):

> „Der Garten lag unmittelbar hinter dem Hause, rechts von der Kirchhofsmauer über die die Grabkreuze hinwegragten, links von Nachbarsgärten eingefasst: nach hinten zu ging der Blick ins Feld. Schneeball- und Holunderbosquets empfingen den Besucher, der aus der geräumigen Küche mit ihren blank gescheuerten Kesseln in den unmittelbar dahinter gelegenen Garten eintrat. Die besondere Sehenswürdigkeit darin war ein alter Birnbaum, der noch jetzt existiert und schon damals als einer der ältesten in den Brandenburgischen Marken galt; der größte Schmuck des Gartens aber waren seine vier Lauben. Drei davon, die dem Hause zunächst lagen, waren Fliederlauben in denen, je nach der Tageszeit und dem Stand der Sonne, der Besuch empfangen und der Kaffee getrunken wurde, die vierte dagegen, die mehr eine hohe, kreisrunde Blühdornhecke, als eine eigentliche Laube war, erhob sich auf einer kleinen Anhöhe am äußersten Ende des Gartens und führte den Namen ‚Sieh dich um.' In dieser Hecke waren kleine Fensteröffnungen eingeschnitten, die nun, je nachdem man seine Wahl traf, die reizendsten Aussichten auf Kirchhof, Gärten oder blühende Felder gestatteten. Rote und weiße Rosen fassten überall die Steige ein, eine der Lauben aber, und zwar die, die sich an die Kirchhofsmauer lehnte, führte deutungsreich" – der verstorbenen Pfarr-

---

[8] Vgl. E. Mörike, Der alte Turmhahn (1852) sowie H.E. Holthusen, Eduard Mörike in Selbstzeugnissen und Bilddokumenten, Reinbek bei Hamburg 1971, S. 100-04.

frau gedenkend – „den Namen ‚Henriettens Ruh.'" (W 2; 659/60)

Man wende nicht ein, Fontane schildere so nur eine Pfarridylle des *frühen* 19. Jahrhunderts. Mit dem folgenden, auszugsweise bereits zitierten Absatz beginnt eben die späte, erst zu Zeiten Wilhelms I., Friedrichs III. und Wilhelms II. spielende „Effi Briest": „In Front des schon seit Kurfürst Georg Wilhelm von der Familie von Briest bewohnten Herrenhauses zu Hohen-Cremmen fiel heller Sonnenschein auf die mittagsstille Dorfstraße, während nach der Park- und Gartenseite hin ein rechtwinklig angebauter Seitenflügel einen breiten Schatten erst auf einen weiß und grün quadrierten Fliesengang und dann über diesen hinaus auf ein großes, in seiner Mitte mit einer Sonnenuhr und an seinem Rande mit Canna indica und Rhabarberstauden besetztes Rondell warf. Einige zwanzig Schritte weiter, in Richtung und Lage genau dem Seitenflügel entsprechend, lief eine, ganz in kleinblättrigem Efeu stehende, nur an einer Stelle von einer kleinen weißgestrichenen Eisentür unterbrochene Kirchhofsmauer, hinter der der Hohen-Cremmener Schindelturm mit seinem blitzenden, weil neuerdings erst wieder vergoldeten Wetterhahn aufragte. Fronthaus, Seitenflügel und Kirchhofsmauer bildeten ein einen kleinen Ziergarten umschließendes Hufeisen, an dessen offener Seite man eines Teiches mit Wassersteg und angeketteltem Boot ... gewahr wurde" (R 4; 7).

Seinen Bericht über die Pfarre Walchow, über den er einen Pfarrhaus-Garten bedichtende Verse Schmidts von Werneuchen als Motto gesetzt hat, resümiert Fontane stark autobiographisch, wenn nicht *konfessorisch*: „Meine von Jugend auf gehegte Vorliebe für diese stillen, geißblattumrankten Pfarrhäuser, deren Giebel auf den Kirchhof sieht, – ich fühlte sie wieder lebendig werden und empfand deutlicher als je zuvor die *geistige* Bedeutung dieser Stätten. In der Tat, das Pfarrhaus ist nach *dieser* Seite hin dem Herrenhaus weit überlegen, dessen Ansehen hinschwindet, seitdem der alten Familien immer weniger und der zu ‚Gutsbesitzer' emporsteigenden ländlichen und städtischen Parvenus immer mehr werden. Und noch ein anderes kommt hinzu. Der Adel, so weit er ums Dasein ringt, vermag kein Beispiel mehr zu geben oder wenigsten kein gutes, soweit er aber im Vollbesitz seines alten Könnens verblieben ist, entzieht er sich zu sehr erheblichem Teile der Dorfschaft und tritt aus dem engeren Zirkel in den weiter gezogenen des staatlichen Lebens ein. – Das Pfarrhaus aber bleibt *daheim,* wartet seines Gartens und okuliert den Kulturzweig auf den immer noch wilden Stamm." (W 1; 359/60)

„Dass ich hier ein *Ideal* schildere, weiß ich. Aber es verwirklicht sich jezuweilen", wie Fontane fortfährt – er wäre sonst nicht Fontane –, „und an vielen hundert Stellen wird ihm wenigstens nachgestrebt" (W 1; 360) – nicht selten jedoch auch nicht: „Der Dolgeliner Pfarrer (beispielsweise) entbehrte vieler Gaben, aber was er am gewissesten entbehrte, das war die Leuchtkraft des Glaubens. Er war für praktische Seelsorge, worunter er verstand, dass er den Bauern ihre Prozesse führte, und musste sich's gefallen lassen, von (Justizrat, R.F.) Turgany abwechselnd als ‚Kollege', ‚Dolgeliner Orakel' und ‚Lebuser Markt- und Kurszettel' bezeichnet zu werden. Er war weder Orthodoxer noch Rationalist, sondern bekannte sich einfach zu der alten Landpastorenrichtung von Whist à trois. Und nicht immer mit der nötigen Vorsicht. Einmal ... hatte er einer älteren unverheirateten Dame geklagt, dass er in Dolgelin keine ‚Partie' finden könne, was zu den ergötzlichsten Missverständnissen Veranlassung gegeben hatte. Im übrigen war er ebenso brav wie beschränkt und wohlgelitten. Es fehlte nur der Respekt." (R 3; 94/5)

Das ist vernichtend, steht aber bereits im „Roman aus dem Winter 1812 auf 13", der eben auch schon eine „Zeit des Abfalls" war, wie Fontane die Herrnhuterin Schorlemmer konstatieren lässt (R 3; 554). Jedenfalls eine Zeit, in der Religion bereits *mehrheitlich* zur gesellschaftlichen Konvention depraviert worden ist, frei nach: „Ehen werden im Himmel geschlossen." (R 7; 496 und 499) Ich zitiere zusätzlich die Titel-‚Heldin' von „Mathilde Möhring“: „‚Du‘ kommt erst, wenn es dringestanden hat und wir richtige Verlobung gefeiert haben. Ich denke so Heiligabend. Unterm Christbaum, das hab ich mir immer gewünscht. Das hat dann so seinen Schick und auch so ’n bisschen wie kirchliche Handlung. Und is schon so ’n Vorschmack. Das heißt, ich meine von der Trauung.“ (R 4; 613/4)

Damit sind wir insgesamt bei den „Kasualitäten“ (R 4; 116): Taufe, Hochzeit und Beerdigung, bei welchen *Gelegenheiten* die Pastoren ihr „Schablonenchristentum“ besonders gut anbringen, gar manchen aber auch (endgültig) aus ihrer Kirche „*heraus*predigen“ können (R 3; 530/31[9]). Die „Kunst der Antithesen“, selbst (nicht regelmäßig vorhandene) „Gefühl“ und „Takt“, wie dem Pfarrer von Hohen-Cremmen anlässlich seiner Hochzeitspredigt nachdrücklich zugesprochen, kommen nicht allein dagegen an. Was vor und über (höfische) „Kälte“ hinaus *erkältet*, ist das, was – obgleich von unerträglich rechtgläubiger Seite – als „rationalistisch angekränkelt“ bezeichnet wird (R 4; 36 und 65): eine unglaubwürdige Halbherzigkeit wie im Fall des Dolgeliner Pfarrers Zabel bereits zu Beginn des 19. Jahrhunderts (R 3; 94/5).

Erst recht Fontane, am Übergang zum 20., ist sich der vielfältigen Schwierigkeiten zeitgenössischen Christentums bewusst, und in diesem soziokulturellen Kontext: „Man verlangt von den Ärzten, den Geistlichen, den Juristen zuviel; in 9 Fällen von 10 und bei den Geistlichen in 999 Fällen von 1000 weiß keiner was. Wo soll es auch herkommen!“[10] – Höchster Respekt allerdings für die, die wie Stechlins Pastor Lorenzen um ihre (engen) Grenzen wissen und sie eingestehen, dennoch aber oder gerade deswegen ein *soziales* Christentum verkünden

---

9 Vgl. auch Th. Fontane, Kriegsgefangen. Erlebtes 1870, Berlin 1999, S. 168–70, welcher Passage letzter Satz lautet, die „fromme Phrase“ sei „die schlimmste“.

10 Th. Fontane, Meine liebe Mete. Ein Briefgespräch zwischen Eltern und Tochter, Berlin 2001, S. 514.

und leben (für Fontane mit wahrer Humanität konvergierend, obwohl er sich „persönlich ... ganz unchristlich“ fühlte[11]):

> „Sonderbar ..., dieser Lorenzen is eigentlich gar kein richtiger Pastor. Er spricht nicht von Erlösung und auch nicht von Unsterblichkeit, und is beinah, als ob ihm so was für alltags wie zu schade sei. Vielleicht is es aber auch noch was andres, und er weiß am Ende selber nicht viel davon. Anfangs hab' ich mich darüber gewundert, weil ich mir immer sagte: Ja, solch Talar- und Beffchenmann, der muss es doch schließlich wissen; er hat so seine drei Jahre studiert und eine Probepredigt gehalten, und ein Konsistorialrat oder wohl gar ein Generalsuperintendent hat ihn eingesegnet und ihm und noch ein paar andern gesagt: ‚Nun gehet hin und lehret alle Heiden.‘ Und wenn man das so hört, ja, da verlangt man denn auch, dass einer weiß, wie's mit einem steht. Is gerade wie mit den Doktors. Aber zuletzt begibt man sich und hat *die* Doktors am liebsten, die einem ehrlich sagen: ‚Hören Sie, wir wissen es auch nicht, wir müssen es abwarten.‘ Der gute (Arzt und Logenbruder, R.F.) Sponholz ... war beinah so einer, und Lorenzen is nu schon ganz gewiss so. Seit beinah zwanzig Jahren kenn' ich ihn, und noch hat er mich nicht ein einziges Mal bemogelt. Und dass man *das* von einem sagen kann, das ist eigentlich die Hauptsache. Das andre ... ja, du lieber Himmel, wo soll es am Ende herkommen?“ (R 5; 365 und 321)

Wie ihr Autor sind der zitierte Stechlin und viele seiner Brüder und Schwestern (in Fontane) recht „schwache Christen“ (R 4; 292), worauf meine Einleitung mit *einem* Wort hinaus will: dass sie – speziell die ProtestantInnen unter ihnen – auf eine alles andere als selbstverständliche Weise (noch) ChristInnen sind. Selbst über seinen forciert rechtgläubigen Freund Rex urteilt der junge Stechlin: „Ich denke mir, er steht so wie die meisten stehn; das heißt, er weiß es nicht recht“ (R 5; 23) – obwohl oder gerade weil die „konfessionellen Unterschiede“ vor dem Kaiserreich, in ihm und sogar nach ihm immer noch „eine tiefe Kluft“ zu ziehen vermögen (W 1; 450). Nicht zuletzt der so realisti-

---

[11] Th. Fontane, Briefe an Georg Friedlaender, S. 294.

sche wie skeptische Fontane machte sich darüber keine Illusionen; genauso wenig wie über den vordringenden Atheismus (mit und ohne Anführungszeichen).

1. Konfessionalismus im allgemeinen

Den Konfessionsfreien zu Ehren

Schon in seiner Kindheit hatte Fontane in nächster Nähe seine Mutter vor Augen, die noch stark den Réfugié-Traditionen verhaftet war, nur nicht mehr – „eminent ein Kind der Aufklärung“ – dem dann doch entscheidenden „Religionseifer“. „... weil sie das Genfertum für vornehmer hielt“, „versicherte“ sie „mit einem gewissen Nachdruck“ trotzdem: „‚Wir sind reformiert.‘ ... Sie repräsentierte ... (eben, R.F.) noch den unverfälschten Kolonistenstolz“, wie „Gascogner“ Fontane resümiert, seinen Vater in dieses Urteil miteinbeziehend.[12] – Er selbst hatte immerhin Verständnis dafür, dass die Anbringung einer Calvin-Statue an der Groebener Kanzel, „unmittelbar vor Einweihung der Kirche, eine Kontroverse herbeiführte. Da Groeben, von den Tagen der Reformation an, immer *lutherisch* gewesen war, so protestierte der Geistliche, trotz seiner intimen Stellung zur Patronin, aufs Entschiedenste gegen die Zulassung Calvins. Aber ... (die Kirchenpatronin, R.F.) v. Scharnhorst bestand darauf und drang mit ihrem Willen durch. Es scheint mir indessen unzweifelhaft, dass der Geistliche ... im Rechte war. Es würde doch beispielsweise sehr auffallen und dem entschiedensten Widerspruch aller reformierten Geistlichen begegnen, wenn seitens einer zufälligen Majorität unserer ‚Kolonie‘ plötzlich der Beschluss gefasst werden sollte, die Statue *Luthers* an den Kanzeln unserer französisch-reformierten Kirchen anzubringen.“ (W 2; 822)

Entscheidend an diesem Passus in unserem Zusammenhang ist Fontanes Sich-Hineinversetzen-Können in die lutherische

[12] Th. Fontane, Meine Kinderjahre. Autobiographischer Roman, München 1971, S. 18.

Seite aufgrund intimer Kenntnis „unserer (Hugenotten-) ‚Kolonie'". Er wusste nachhaltig, was Konfessionalismus ist, lehnte ihn dennoch aber, wenn er sich mit „Religionseifer" verband, nachdrücklich ab, und ganz gleich in der Nachfolge welchen ‚Stifters' oder welcher Doktrin er auftrat. Kampf um den „rechten Glauben" (R 1; 147), gar mit „Feuer und Schwert" war ihm ein Gräuel: „... Märtyrer und Scheiterhaufen ängstigen mich bloß statt mich zu erheben"[13], von den „Scheiterhaufenmännern" (R 5; 182) ganz zu schweigen, die „gleich bös und Feuer und Flamme" werden, wenn es sich nur – sind sie beispielsweise Lutheraner – um „Calvinsche" oder „Katholsche" handelt. Die repräsentieren für sie schlicht den „Antichrist", gegen den sie „am liebsten" predigen – so wie die Verteufelten solche Predigt ihrer Todfeinde am liebsten hören. (R 1; 10 und 81/2)

Fontane hat das intrikate Hass-Verhältnis aller Konfessionalisten: ihren strukturellen Sadomasochismus, klar vor Augen. Auch das Sippenhaftende beim Vorgehen der Inquisitoren, ihr tendenziell Rassistisches, ist ihm von den „sogenannten Glaubenszeiten" (R 3; 198) an nicht entgangen. Vor allem seine während des Kulturkampfes und gegen ihn geschriebene „Grete Minde" belegt das: Die Titelheldin soll in den Augen ihrer WidersacherInnen nicht nur aufgrund des „fremden Glaubens" ihrer „Hexen"-Mutter immer noch katholisch sein, sondern auch aufgrund deren „fremden", „span'schen" „Bluts". (R 1; 35, 29, 25, 35, 81, 35) Fontane zeigt sich deutlich indigniert, ohne Mentalitäts-Macht und/oder Dauer von Charakterprägungen über Generationen hinweg von vornherein auszuschließen. Nicht nur seine „L'adultera", er selbst studiert an dem „kleinen Großinquisitor" Lydia – „wenigstens einer genferischen Schlags" – „die Rückschlagstheorie" sehr aufmerksam: „Ihr Urahne muss mitgestimmt haben, als man Servet verbrannte. Mich hätte sie gern mit auf dem Holzstoß gesehen, soviel steht" für Lydias Mutter, „L'adultera", „fest". (R 2; 128) Und auch für

---

13 Th. Fontane, Briefe an Georg Friedlaender, S. 157.

Fontanes Lewin gibt es keinen Zweifel, „wie wenig in den sogenannten Glaubenszeiten der Glaube und wie viel die Rohheit bedeutet. Nur dass sich jener in diese kleidet, gilt als ein Beweis seiner Kraft.“ (R 3; 198)

Jedenfalls handelt es sich bei *allen* Konfessionalisten, bis in Fontanes Zeiten, um „strenge und feste“ (R 1; 165) bzw. „unbequeme und unerbittliche“ (R 2; 586) Leute, voller „Ernst des Glaubens“, denen erst Kirchenvertreter des 18. und 19. Jahrhunderts „Konventiklerbeschränktheit“ vorzuwerfen wagen (R 5; 324/5), ihrer eigenen Vorfahren und Vorgänger Sektierertum immer noch gern vergessen machend. Erst recht, wenn sie wie der zitierte Koseleger selbst gern den Rechtgläubigen markieren. – Fontane ist auch retrospektiv sicher: „... was wir Bekenntnistreue nennen, ist Rechthaberei“[14] bzw. „Rigorismus“[15] und nicht nur „doktrinärer“ (R 2; 699), sondern auch polizeilicher, ja (staats-)terroristischer Art. Wie im Fall des indirekt schon einmal erwähnten „Küstriner Markgrafen“, eines „scharfen *Protestanten*“, handelt es sich um die „Dogmenstrenge“ von „Großinquisitoren“ (R 3; 197 und 86), deren Ketzerriecherei leicht *letale* Folgen hat.

Sie beginnt, noch zu Fontanes Lebzeiten, mit dem „Nicht-recht-Trauen“ „in kirchlichen Dingen“, das beispielsweise dem homo humanus Alonzo Gieshübler in Kessin entgegengebracht wird (R 4; 85), und setzt sich fort im „Einigermaßen-Anzweifeln“ des Protestantismus von Cécile überhaupt, aufgrund „einiger kleiner Anzeichen“ (R 2; 173), und endet bei der Unterstellung blanken Atheismus wie im Fall Effi Briests. Die KetzeriecherInnen müssen nicht notwendig ausgemachte Ekel sein, wie Effis Widerpart Sidonie von Grasenabb, eine laut Fontane „alte Jungfer“. (R 4; 65/66) Auch von der so sensiblen wie kultivierten Christine von Holk muss er schreiben, sie habe „den Zug der meisten Frommen und Kirchlichen, die Kirch-

[14] Th. Fontane, Meine liebe Mete, S. 324.
[15] Th. Fontane, Jenseit des Tweed, S. 32.

lichkeit anderer nicht bloß anzuzweifeln, sondern meist auch von der komischen Seite zu nehmen, und so waren ihr denn Mitteilungen aus dem Lager der Katholiken und beinah mehr noch der Genferischen immer eine Quelle vergnüglicher Unterhaltung". Beispiel par excellence und in Christines Originalton: „Es ist doch ein eigen Ding um die ... Schweizerpensionen, in denen sich Geschäftlichkeit mit Kalvinismus so gut verträgt. Es war immer die hässliche Seite des Kalvinismus, so lebensklug zu sein ..." (R 2; 584–86).

„Das ist mir neu, Christine", wie Christines Bruder Arne ihr zu entgegnen nicht ansteht. „Calvin, soviel ich weiß, war unbequem und unerbittlich ..., und Coligny benahm sich jedenfalls nicht allzu lebensklug, sonst lebte er vielleicht noch. Und dann La Rochelle. Und dann die zehntausend Ausgewanderten um Glaubens willen. Es soll den Lutherschen schwer werden, Seitenstücke dazu zu finden oder wohl gar Besseres. Ich beantrage Gerechtigkeit". (R 2; 586) So der (jedenfalls von Hause aus) selbst „Luthersche". Wir können dank Fontane zusätzlich darauf verweisen, dass auch in dem streng lutherischen Rentmeister Fix, Domina von Stechlins rechter Hand, „eine seltene Verquickung von Prinzipienstrenge mit Geschäftsgenie vorzuliegen" schien (R 5; 92) ...

Gerechtigkeit, auch nur Ausgewogenheit oder Differenziertheit im Urteil sind, wo „Konvertikel und Partei(stellung)" dominieren (R 5; 47 und R 3; 273), nahezu unmöglich. Und der Parteigeist, für den – in Christines Fall – „ungläubig ... so ziemlich alles" ist, „was nicht altlutherisch oder pietistisch oder herrnhutisch ist" (R 2; 593), belässt es kaum bei übler Nachrede, er horcht, späht und schnüffelt, gerade weil andere – in den Argusaugen der InquisitorIn – allzu sehr „ein Auge zu(drücken)". Paranoische Unterstellung, bis ins Groteske hinein, ist unausweichlich: „... was Katholisches hat er, das sieht jeder, und war auch mit nach'm Eichsfeld". So wird dem ‚erweckten' Hirten Melcher in „Ellernklipp" nachgesagt, dabei ist er trotz oder wegen seines Pietismus „von den strengen und den festen Lutherschen und war letzte Woche nach Eisleben“ – Luthers Geburtsort – „und nicht nach ’m (erzkatholischen, R.F.) Eichsfeld“. (R 1; 29, 73, 164/5)

2. Reformierte und lutherische Rechtgläubigkeit im besonderen

Für Wilhelm Kreutz und Norbert Schaller

Jeweiligen „Rechtgläubigen“ stehen jeweilige „Irrgläubige“ gegenüber (R 1; 164/5), ohne dass gerade Fontane Schattierungen, Mischformen und Hybridbildungen übersehen würde. Nicht zuletzt im ‚Spektralanalytischen‘ beruht seine hohe Qualität. Doch zunächst geht es um „Prinzipienstrenge“, Reinheit und „Starrheit“ (R 5; 92 und R 1; 1013): dogmatische Intransigenz, allerseits „Orthodoxie“ geheißen – mit oder ohne „kleine Päpste“ (R 4; 101/2). Fontane spricht ausdrücklich auch von *protestantischen* Päpsten, obgleich sie, wie in den Fällen Büchsel, Schultze[16] oder Koseleger nur (General-)Superintendenten bzw. Pastoren sind (R 5; 76 und 176). In Christine von Holk präsentiert er sogar eine *Päpstin*; ihrem „doktrinären Ton“ sei „Unfehlbarkeit“ beigegeben gewesen:

„Christine wusste ganz genau, dass die Prädestinationslehre falsch und zu verwerfen und die kalvinistische Abendmahlsform ein ‚Affront‘ sei; sie wusste mit gleicher Bestimmtheit, welche Bücher gelesen und nicht gelesen, welche Menschen und Grundsätze gesucht und nicht gesucht werden müssten“ (R 2; 699). Aufgrund dessen gerät Christine wenigstens zeitweise in die ausgesprochen unsympathische Nähe zu so „schroffen“ (R 5; 83) und „rigorosen“ (R 3; 559), ja „verrückt-fanatischen“[17] und deshalb „eifernden“ (W 1; 72), also „zelotischen“[18] Damen wie Ermyntrud, geb. Fürstin von Ippe-

[16] Th. Fontane, Von Zwanzig bis Dreißig. Autobiographisches, München 1973, S. 230, 361 und 367.

[17] Th. Fontane, Meine liebe Mete, S. 324.

[18] Th. Fontane, Von Zwanzig bis Dreißig, S. 380.

Büchsenstein, die den alten Stechlin taktlos zu „bekehren“ sucht (R 5; 328 und 331), und seiner Schwester Adelheid, einer Domina in fast jedem, nicht nur institutionellen Wortsinn.

Selten dass Fontanes satirische Begabung zu solcher Hochform aufläuft wie in Adelheids Fall und im vollberechtigten Bewusstsein, nur eine Realsatire zu liefern. Jedenfalls kann selbst oder gerade die ansonsten „so leichtlebig(e) und heiter(e) Melusine“ Adelheids „Ton ... sittlicher Überheblichkeit“ unmöglich „ertragen“ (R 5; 381). Doch eben auch Christine von Holk, die bei „so vielen Tugenden“ die *„eine* ... der Demut“ nicht besitzt, muss Fontane den „Ton (selbstgerechter) Überhebung“ zusprechen und generell: dass sich „hinter ihrer Kirchlichkeit“ „Herrschergelüste“ verbergen. (R 2; 744, 777 und 736) Selbstverständlich – Christines aufrichtige Gläubigkeit und große Tugendhaftigkeit verhindern das – keine solch agnostischen, ja immoralischen: wenn man will, nihilistischen „Gelüste“ wie im Fall Sidonies von Borcke: „Ihre Sitten sind mir gleichgültig, ihr Glaube noch mehr, aber gehorchen sollen sie, es gibt nur *einen* Willen und das ist der *meine.*“ (R 7; 369)

Unbeschadet dessen, dass Christine ganz im Unterschied zur zitierten Sidonie mit „einer heiligen Elisabeth“ verglichen werden kann, fehlt auch ihr jene Sanftheit und Nachgiebigkeit, die Fontane der mittelalterlichen Heiligen nachdrücklich zuspricht (R 2; 797). Im Unterschied zum von Fontane zeitlebens, trotz aller Bekenntnisstrenge verehrten Prediger August Fournier ahnt Christine nicht einmal, dass „Hochmut der Fehler“ ihres „Lebens“ ist[19]. Fontanes Sympathie gehört aber nun einmal jemand wie der kryptokatholischen Domina im Roman „Grete Minde“, die den Hochmut *hasst* und „nur das eine“ weiß, „dass unser Allerbarmer für unsre Sünden gestorben ist und nicht für unsre Gerechtigkeit“ (R 1; 82).

Noch diese Soteriologie ist nicht Fontanes Sache, der überhaupt kein Theologe war, doch wenn schon „Strenggläu-

---

[19] Ebd.

bigkeit“, dann musste sie sich wie auch beim „frommen“, das heißt pietistischen Pfarrer Borstelkamm mit „Freudigkeit und *Milde*“ verbinden (R 1; 211). Wenigstens „in modo“ sollte sie „suaviter“ sein, womit ich mich auf diese Aufstellung Fontanes beziehe: „1. Der (Geistliche, R.F.) bei Storchs ist ... klug, geistvoll, herrschsüchtig, *hochmütig*, alles Aristokratische bestärkend ... 2. Der bei Attinghaus ist ... schon 70 Jahr alt: humoristisch, milde, versöhnend, *suaviter in modo.*“ (R 7; 409)

In „Grete Minde“ ist Tangermündes „lutherisch-strenggläubiger“ Pfarrer Gigas von solch nicht-ungütiger Art. Noch so „bös“ gegen „Calvinsche“ und „Katholsche“, ist er an sich „gut“, wie u.a. seine Predigtart belegt. Ich zitiere Fontanes Charakteristik einer Gigas'schen Leichenpredigt: „Erst hart und herbe, wie fast immer die Strenggläubigen, wenn sie von Tod und Sterben sprechen; als er aber das Allgemeine ließ und vom Tod überhaupt auf *diesen* Toten kam, wurd' er warm und vergaß aller Herbigkeit. Er, dessen stummes Antlitz hier spräche, so hob er mit immer eindringlicher werdender Stimme an, sei ein Mann gewesen wie wenige, denn er habe beides gehabt, den Glauben und die Liebe. Da sei keiner unter ihnen, an dem er seine Liebe nicht betätigt habe“ (R 1; 38).

Gigas geht keinen Augenblick so weit, es mit „der Liebe“, gar einem „guten Herzen“ (R 1; 147) sein Bewenden haben zu lassen, doch empfindet er dieses – in Übereinstimmung mit seiner eigenen Person – als unbedingt ‚dazugehörig‘. Fontane hält nachdrücklich fest – wie auch zeithistorisch um ausgewogene Betrachtung bemüht (W 2; 313[20]) – , dass „Gigas ... nicht nur das menschliche Herz kannte, sondern sich aus erbitterten Glaubenskämpfen her auch einen Schatz echter Liebe gerettet hatte“. U.a. er, aber längst nicht alle „Rechtgläubigen“. Und selbst Gigas kann nicht predigen – alles andere als nach Fontanes Geschmack –, „auch nicht bei Hochzeit und Kindelbier, ohne dass ein höllisch Feuer aus irgendeinem Ritz oder Ritz-

---

20 Vgl. u.a. ebd., S. 270.

chen aufgeschlagen wär'" (R 1; 26/7 und 20) – fatal an irdische Scheiterhaufen erinnernd.

Gerade auch Gigas kann, wie noch viele Rechtgläubige nach ihm – bis zu Fontanes Lebzeiten und über sie hinaus – einfach nicht „Frieden" halten mit Andersgläubigen (R 1; 147). Noch vom längst nicht mehr umfassend orthodoxen Grundtvig schreibt Fontane, dieser könne „nicht ertragen, mit irgend jemandem in Übereinstimmung zu sein" (R 2; 734). So sehr benötige Grundtvig den (tiefergreifenden) Dissens. Fontane formuliert so aus auch teilnehmender, freilich ‚nur' analoger Beobachtung: „Bei Tische" – anlässlich Fontanes Hochzeit – „fehlte" sein hugenottischer Hausgeistlicher Fournier, der ihn und seine Frau gerade eingesegnet hatte: „was wohl damit zusammenhing, dass er von der mutmaßlichen Anwesenheit meines bethanischen (= lutherischen, R.F.) Freundes Pastor Schultz gehört hatte. Beide passten eigentlich vorzüglich zusammen, waren aber, der eine wie der andere, sehr harte Steine: Fournier ganz Genferischer, Schultz ganz Wittenbergischer Papst. Und so räumte denn Genf, klug und vornehm wie immer, das Feld."[21]

Dass Fontane Fournier persönlich verehrte, habe ich schon oben erwähnt, doch gilt auch für ihn, was Fontane über seinen anderen Freund, Schultz, ohne ‚Wenn' und ‚Aber' schreibt: er sei „ein Gegenstand meiner Hochachtung" gewesen, aber „nicht mein Geschmack"[22]. Genfer „Klugheit" und „Vornehmheit" konnten daran nichts ändern, auch die ‚eigenen', reformierten Leute waren, wenn „harte Steine", nicht wirklich die Fontaneschen. Oder schlicht und ergreifend: Reformierte Orthodoxie ist gleichfalls eine solche und deshalb nicht weniger kritisch zu beurteilen als jede andere. Servets Verbrennung zum nicht beliebigen Beispiel muss *ver*urteilt werden, wie Fontane es (in

---

[21] Ebd., S. 383.
[22] Ebd., S. 264.

der Nachfolge Sebastian Castellios) auch ausdrücklich tut (R 2; 128).

Schon der rigoristische Bildersturm, etwa im geliebten, doch leider puritanischen Schottland löst bei ihm heftiges Kopfschütteln aus: das „Niederbrennen" von „Schätzen und Vorbildern guten Geschmacks". Selbst vor der pietätlosen Zerstörung von Grabkreuzen schreckte man nicht zurück, was Fontane besonders empört: „Die beiden Kreuze, die den Namen ‚Macleanskreuz' und ‚St. Martinskreuz' führen, sind die einzigen Überbleibsel von den 360 Kreuzen, die bis in die zweite Hälfte des sechzehnten Jahrhunderts hier (auf der Insel Iona, R.F.) standen und auf Befehl einer hyperpuritanischen Synode ins Meer geworfen wurden. Das Meer scheint aber mitleidiger als die Synode gewesen zu sein und hat einige dieser Kreuze wieder ans Ufer geworfen, die sich teils noch als Bruchstücke auf der Insel vorfinden, teils von einzelnen Stadtbehörden ..., die mehr antiquarisch als puritanisch waren, gerettet worden sind."[23]

„Abgeschiedenheit, Armut und das ausschließlich aufs Innerliche gerichtete religiöse Leben des schottischen Volks vereinigten sich dahin", wie Fontane resümiert, „der Kunst und ihrem nie fehlenden Gefolge, dem Komfort und dem Luxus, die Niederlassung, das Bürgerrecht in diesem Lande zu erschweren. Das Haus blieb hier ein bloßer Steinbau mit kleinen Türen und dürftigen Fenstern, eine Schutzwehr gegen Wind und Wetter, ein Kastell, fest, eng, warm, aber – schmucklos."[24]

Man kann nicht einfach sagen, das sei Schottland (gewesen) und Schottland sei fern, noch unser Autor persönlich hat rigide Reste seiner – wie er gern sagt – „Genferischen" Familienkonfession kennenlernen können bzw. müssen.[25] Schließlich

---

23 Th. Fontane, Jenseit des Tweed, S. 32, 30 und 210.

24 Ebd., S. 30.

25 Berlins hugenottische „Koloniekirche" in der Klosterstraße nennt er, der „die puritanisch-langweilige Kahlheit der Wände so aufrichtig wie nur möglich" hasst (Aus den Tagen der Okkupation, Berlin 2000,

war gerade auch die hohenzollernsche *Herrscher*familie seit Beginn des 17. Jahrhunderts reformiert, welche Konversion vom Luthertum „die Veranlassung zu großer Missstimmung und der Gegenstand allerheftigster Angriffe“ nicht nur „von seiten der *tangermündischen* Hitzköpfe geworden war“ (um auf „Grete Minde“ zu rekurrieren). Was der „Herr Kurfürst“, Johann Sigismund, (auch dort) „an Eidesstatt“ zusichert, hat Brandenburg-Preußen zwar früh zu einem bikonfessionellen, aber eben nicht zuletzt reformierten Land gemacht: „dass er seine von Gott ihm anbefohlenen Untertanen bei dem Worte Lutheri Augsburgischer Konfession belassen, eines jeden Person auch in der Freiheit seines Glaubens und Gewissens schützen wolle, in eben jener Freiheit, um derentwillen er für *seine* Person das Bekenntnis der beständig hadernden Lutherischen abgetan und den reformierten Glauben angenommen habe“. (R 1; 50/51)

Noch zwei Jahrhunderte später trat der von Hause aus katholische Adlige Ladalinski – religiöse „Gewissensbedenken waren der Zeit der Aufklärung fremd“ – „in dem richtigen Gefühl, erst dadurch seine Staatszugehörigkeit zu beweisen, zum Protestantismus über“ und wählte, worauf es ankommt, „die reformierte Kirche, weil es die Kirche des Hofes war“. (R 3; 329) Gesellschaftliche, *dynastische* Qualität konnte leicht die numerisch weit überlegene Quantität des Luthertums relativieren, manchmal sogar negligieren. Dennoch war und blieb hohe Quantität *als solche* eine Qualität, wie gerade Fontane keinen Augenblick außer Acht lässt. Ganz davon abgesehen, dass er von Kindheit an auch den „ausgesprochenen Luthertypus“ vor klaren Augen hatte, der ihm – vormals jedenfalls – in

S. 161/2), die „weißgetünchteste aller Kirchen“ (Briefe an Georg Friedlaender, S. 243). Fontanes Abscheu gegen kahle Wände zusätzlich verdeutlichen kann diese sarkastische Passage des „Stechlin“: „Weißgestrichen und kein Fetzchen Gardine, das ist immer ne preußische Schule. So wird bei uns die Volksseele für das, was schön ist, großgezogen. Aber es kommt auch was dabei heraus!“ (R 5; 171)

Gestalt des Swinemünder Pastors Kastner als „Inbegriff des *Ehrwürdigen*" erschienen war.[26]

Noch im dritten Band der „Wanderungen durch die Mark Brandenburg" findet sich die folgende Notiz: Selbst der kaiserliche Generalfeldwachtmeister Moritz August von Rochow habe „trotz seiner Hinneigung zur kaiserlichen Sache und trotz seines schlesischen Besitzes ... den Grundzug aller märkischen Kriegsobersten jener Epoche" des Dreißigjährigen Krieges besessen: „die *Treue gegen das lutherische Bekenntnis.* Was sonst auch ihre Fehler sein mochten, Härte, Selbstsucht, Schlauheit, politische Unzuverlässigkeit – um ihres Glaubens und Seelenheiles willen waren sie ängstlich besorgt. Dies mag manchem Modernen ein Lächeln abzwingen, ist aber doch etwas" (W 3; 557) Charaktervolles oder gar Humanes, wie immer man Fontane ergänzen kann bzw. muss.[27]

Schließlich hat Fontane gerade auch seine hochverehrte mütterliche Freundin, die institutionelle Fast-Domina Mathilde von Rohr, mit den Worten gewürdigt: „Sie war eine richtige Lutheranerin, noch mehr ihrem Wesen als ihrem Bekenntnis nach, und wusste sich was damit"[28], ohne dass dies Fontane nachhaltig gestört hätte. Genauso wenig wie von Rohrs lutherisches „Wesen" selbst. Nur eben dass sich solches Wesen, wie jedes andere auch, sehr unterschiedlich ausprägen konnte: Wenn Domina von Stechlin sich auf „unseren Gottesmann" Luther zu berufen anfing, wurde es nicht nur „Weltdame" Melusine ganz schlecht, sondern ihrem – sie sichtbarlich liebenden – Autor mit. Norbert Mecklenburg hat Domina Adelheid,

---

26 Th. Fontane, Meine Kinderjahre, S. 63

27 Der *früh*luthersche und in Küstrin residierende Markgraf Hans, der sich gern als der „protestantischste" Fürst seiner Zeit gab, „verpflichtete sich" freilich, „wenn auch unter gewissen Reservationen, gegen ein Jahrgehalt von 5000 Talern in Philipps II. und des *katholischen* Spaniens Dienste zu treten. Seine dominierende Leidenschaft: der *Hang nach dem Gelde*, war ... stärker als sein Protestantismus." (W 1; 820)

28 Th. Fontane, Sie hatte nur Liebe und Güte für mich, S. 25.

ganz in Fontanes Sinn, als „Inbegriff adelig-märkisch-lutherischer *Borniertheit*“ bezeichnet.[29]

Dort Pastor Kastner, der „Inbegriff der Ehrwürdigkeit“[30] und hier Domina Stechlin, der ‚Inbegriff der Borniertheit‘; so weit reicht Fontanes lutherisches Spektrum! Schon über Markgraf Hans, den „protestantischsten (= lutherischsten, R.F.) Fürsten seiner Zeit“, sieht er sich – in den historiographischen „Wanderungen durch die Mark Brandenburg“ – zu urteilen genötigt: „Es war zu rühmen, dass er sich beflissen zeigte, das Räuber- und Mordbrennerwesen, das an der Tagesordnung war, mit Stumpf und Stiel auszurotten, aber es war zu streng, zu streng auch aus dem Geist *seiner* Zeit heraus, Flucher, die schon wiederholentlich wegen Fluchens bestraft worden waren, schließlich hinrichten zu lassen. Sooft er Todesurteile zu bestätigen hatte, tat er es mit den Worte: ‚Auferas malum e medio populi tui‘, und wer für Verbrecher zu bitten kam, erhielt einfach die Antwort: ‚Fiat justitia et pereat mundus‘.“ (W 1; 816 und 819) Kaum eine Maxime, die den späten Fontane mehr ergrimmen lassen konnte bzw. musste.[31]

Nicht erst gegen das Ende seines Lebens war er davon überzeugt, dass von einer „*General*bewunderung“ für Luther „keine Rede“ mehr sein könne. „... die Lutherleute, die nichtstrengen gerade so gut wie die strengen“, verlangten zwar eine solche, doch widerspräche sie „dem Geist unsrer Zeit“, der je länger desto mehr auch Fontanes eigener geworden war. „Ich wüsste nichts zu nennen, was so in der Decadence steckte, wie das Luthertum“, wie er fast im selben Atemzug schrieb und:

---

[29] N. Mecklenburg, Theodor Fontane. Romankunst der Vielstimmigkeit, Frankfurt/M. 1998, S. 176.

[30] Th. Fontane, Meine Kinderjahre, S. 63.

[31] Vgl. nur R 1; 320. Der mittlere Fontane brachte es freilich durchaus fertig, des Soldatenkönigs Berufung auf „Fiat Justitia et pereat mundus“ – im Fall Katte wohlgemerkt – zu billigen und gutzuheißen: „... es wäre ... besser, dass er stürbe, als dass die Justiz aus der Welt käme.“ Der damalige Fontane fand dies Königs-Wort „ein großartiges“. (W 1; 843 und 869; vgl. auch S. 866.)

„Personen die *stramm* zum lutherischen Glaubensbekenntniß stünden kenne ich nicht."[32]

Fontane widersprach spätestens damit nachdrücklich seiner Christine von Holk, die er hatte behaupten lassen: „... bei den Preußen wurzelt alles ... in dem alten Katechismus Lutheri. Den haben sie da noch" – der „gilt da noch" (R 2; 589/90). Laut (dem späten) Fontane allenfalls noch bei den wenigen, sich der unierten Landeskirche verweigernden „*Alt*lutheranern" (R 5; 324). Nur Ältestlutheraner Gigas katechisierte gleichsam flächendeckend, im *Frühling* lutherischer Reformation: „... unsre guten Werke sind nichts und bedeuten nichts, weil all unser Tun sündig ist von Anfang an. Wir haben nichts als den Glauben, und nur eines ist, das sühnet und Wert hat: der Gekreuzigte." (R 1; 28)

Luthers „sola fide" und „sola gratia": Sie sind nie Fontanes Glaubensartikel gewesen, die ihnen entspringenden und ihnen entsprechenden Haltungen hat er jedoch bis an sein Lebensende nicht verachtet:

- Gigas' „Sich Durchbeten" „in tiefer und ernster Bedrängnis" seines „Glaubens und Gewissens halber", so dass er seinem Landesherrn „ohne Menschenfurcht", unter Berufung auf „Gebet dem Kaiser, was des Kaisers, und Gott, was Gottes ist" ins Angesicht widerstehen konnte (R 1; 50);
- einen (alt-)lutherischen Glauben noch am Anfang des 19. Jahrhunderts, der „den Aberglauben nicht aufkommen" lässt, gemäß der Herrnhuterin Schorlemmer Wort: „... wer an Gott und Jesum Christum glaubt, der fürchtet keine Gespenster" (R 3; 252/3);
- last not least das in „freiem und natürlichem", nicht nur Effi erquickendem Ton vorgetragene Statement der alten Ritterschaftsrätin von Padden: „... worauf es ankommt, meine liebe junge Frau, das ist das Kämpfen. Man muss immer ringen mit dem natürlichen Menschen ... im Glauben sich

[32] Th. Fontane, Briefe an Georg Friedlaender, S. 238 und 242.

> unterkriegen, meine liebe Frau, darauf kommt es an, das ist das Wahre. Das hat uns unser alter Martin Luther zur Erkenntnis gebracht, der Gottesmann.“ (R 4; 165/66)

Die alte Frau von Padden gibt gleichsam Mutter von Poggenpuhl das Stichwort für diese gleichfalls nicht unfreundliche, aber bestimmte Zurechtweisung ihres Sohnes, der (mit einem linksreformatorischen Wort) auf „Christi Kreide zechen“ will[33]: „Sich zu Wunder und Gnade so stellen, als ob alles so sein müsste, das verdrießt den, der all die Gnade gibt, und er versagt sie zuletzt. Was Gott von uns verlangt, das ist nicht bloß so hinnehmen ..., er will auch, dass wir uns die Gnadenschaft verdienen oder wenigstens uns ihrer würdig zeigen und immer im Auge haben, nicht was so vielleicht durch Wunderwege geschehen *kann*, sondern was nach Vernunft und Rechnung und Wahrscheinlichkeit geschehen *muss*. Und auf solchem Rechnen steht dann ein Segen.“ (R 4; 499)

---

[33] Vgl. E. Bloch, Thomas Münzer als Theologe der Revolution. Gesamtausgabe 2, S. 193.

3. Aufklärung(stheologie) und Pseudoaufgeklärtheit

Für Christoph Schulte und Brunhilde Wehinger

Nichts damit, dass, „wer die Gnade habe, ... sich umsonst" mühe, „sie zu verscherzen", wie in „Quitt" der ansonsten nicht unsympathische Mennonit Obadja Hornbostel geradezu prädestinatorisch dekretiert (R 1; 415). Worauf es ankommt, ist – wie ich Mutter Poggenpuhl wiederhole –, „was nach Vernunft und Rechnung und Wahrscheinlichkeit geschehen *muss*" (R 4; 499). Nach *Vernunft* und *Rechnung* und *Wahrscheinlichkeit*, um anders als Fontane, doch gleichfalls in seinem Sinn zu akzentuieren. Nie war der durchaus luthersche Schandspruch, die Vernunft sei „des teuffels hure"[34], der seine, ganz im Gegenteil. Fideistische Denkverbote, wie sie Elisabeth von Ardenne, geb. von Plotho-Zerben, das partielle Vorbild der Effi, vom Pfarrer ihrer Jugend überliefert[35], haben ihn noch mehr empört als diese: „‚Geboren von der Jungfrau Maria ... niedergefahren zur Hölle, sitzet zur Rechten Gottes' daraus ist nichts mehr zu machen. Nicht 'mal mehr die Maler wagen sich dran heran."[36]

Das lässt Fontane nicht nur seinen Stechlin sinngemäß sagen, sondern das schreibt er bereits 1893 so persönlich wie wörtlich dem vertrauten Friedlaender. Auch in „Ellernklipp" zeigt er sich, nicht weniger öffentlich als literarisch, davon überzeugt, dass der dortige Pfarrer „mit all seiner Aufklärung

---

[34] Vgl. M. Luther, Wider die himmlischen Propheten, von Bildern und Sakrament, in: Weimarer Ausgabe 18, S. 164. Sekundär: F.-W. Pohl/C. Türcke, Heilige Hure Vernunft. Luthers nachhaltiger Zauber, Berlin 1983.

[35] Vgl. M. Franke, Leben und Roman der Elisabeth von Ardenne. Fontanes „Effi Briest", Düsseldorf 1995 (2. Aufl.), S. 23.

[36] Th. Fontane, Briefe an Georg Friedlaender, S. 243.

keinen nachweisbaren Schaden angerichtet" habe. Und damit nicht genug; Fontane begrüßt (bereits Seiten zuvor) lebhaft, dass jener „Spuk"-Gerede für einen „Irrpfad" hielt, und stellt sich damit, zusammen mit Pfarrer Sörgel, gegen den pietistischen Melcher Harms, der gegen den Pfarrer polemisiert wie folgt: „... der halbe Glaube, der jetzt in die Welt gekommen ist und mit seinem armen irdischen Licht alles aufklären und erleuchten will und sich heller dünkt als die Gnadensonne, das ist das unnütze Licht, das bei Tage brennt." (R 1; 185 und 148)

Fontane wertet in den historiographischen „Wanderungen" die philosophischen Bemühungen im Rheinsberger Kreis um den Prinzen Heinrich, noch nach dessen Bruder Friedrich II. Tod entschieden positiv: „Mit besonderer Vorliebe wurden (dort, R.F.) metaphysische Sätze beleuchtet und diskutiert, und alle jene wohlbekannten Fragen, auf deren Lösung die Welt seitdem verzichtet hat, wurden unter Aufwand von Geist und Gelehrsamkeit und mit Zitaten pro und contra immer wieder und wieder durchgekämpft." (W 1; 296) Fontane ist und bleibt ein großer Skeptiker, doch dass man damals um ‚letzte Fragen' rang, kann er nur würdigen, bis hin zum Bedauern darüber, dass die Welt „auf deren Lösung ... seitdem verzichtet hat". Außerdem, zur „Spuk"-Bekämpfung war die historische Aufklärung tüchtig genug – solange sie nicht zur unwahren, nur preziös prätendierten mutierte.

Für solche Aufklärung hat Fontane bloß Verachtung übrig gehabt, wofür das Porträt Tante Amelies in „Vor dem Sturm" ein überrepräsentativer Beleg ist: „Sie hält sich für aufgeklärt, für freisinnig. Da vergeht kein Tag, keine Stunde, wo nicht aus Montesquieu, aus Rousseau zitiert, wo nicht freiheitlicherhaben von der ‚vaine fumée' gesprochen wird, ‚que le vulgaire appelle gloire et grandeur, mais dont le sage connait le néant', ... wenn nun (aber, R.F.) nach all dieser Philosophenherrlichkeit die Probe auf das Exempel gemacht werden soll, so erweist sich alles als leere, pomphafte Redewendung, als bloße Maske, hinter der sich der alte Dünkel birgt“ (R 3; 122/3) – und nicht nur im Fall der einen Tante:

> „... so sind sie samt und sonders, diese Rheinsberger Komtessen, denen die französischen Bücher und Prince Henri die Köpfe verdreht haben. Humanitätstiraden und dahinter die alte, eingeborene Natur. Es ist mit ihnen, wenn Du das prätentiöse Bild verzeihen willst, wie mit den Palimpsesten in unseren Bibliotheken, alte Pergamente, darauf ursprünglich heidnische Verse standen, bis die frommen Mönche ihre Sprüche darüber schrieben. Aber die Liebesseufzer an Chloe und Lalage kommen immer wieder zum Vorschein. Rund heraus: das Vorurteilsvolle lasse ich gelten; nur das Unwahre verdrießt mich.“ (R 3; 123)

Fontane selbst, im Unterschied zum Lewin seines „Romans aus dem Winter 1812 auf 13“, ließ je länger desto mehr auch das *Adelig*-Vorurteilsvolle nicht gelten, und seinen Verdruß über „das Unwahre“ in einer Aufgeklärtheit à la Amélie hat er (bereits) in „Vor dem Sturm“ zusätzlich verdeutlicht, indem er die Tante, „abergläubisch und tagewählerisch, wie sie war“, „am 31. Dezember 1790“ in ihre „neuen Räume ein(ziehen)“ ließ. Sie habe „den Silvestertag jedes Jahres, aus allerhand heidnisch-philosophischen Gründen, in denen sich Tiefsinn und Unsinn paarten, zu den ausgesprochenen Glückstagen“ gezählt. (R 3; 141)

Schließlich und endlich präsentiert Fontane sie, wie wenn schon sie eine Anhängerin der Rosenkreuzer und nicht der französischen Aufklärungsphilosophen gewesen wäre, als gespenstergläubig in einer geradezu paranoischen Art: „Wie alle alten Schlösser, so hatte auch (ihr, R.F.) Schloss Guse sein Hausgespenst, und zwar eine ‚schwarze Frau‘ ... Die Erzählungen gingen weit auseinander, nur das stand fest, dass das Erscheinen der schwarzen Frau jedesmal Tod oder Unglück bedeute. Die Gräfin, sonst eine beherzte Natur, lebte in einem steten Bangen vor dieser Erscheinung; was ihr aber das Peinlichste war, war der Gedanke, dass sie möglicherweise einmal einem bloßen Irrtum, ihrem eignen Spiegelbild zum Opfer fallen könne. Da sie sich immer schwarz kleidete, so hatte diese Besorgnis eine gewisse Berechtigung, und sie traf ihre Vorkehrungen danach." (R 3; 185)

Wenn das nicht vernichtend ist! Jedenfalls nicht weniger kritisch als Fontanes historiographische Schilderung des Rosenkreuzer-Treibens am Hof des offen gegenaufklärerischen Friedrich Wilhelm II.: „Die Welt hatte vielfach die Aufklärung satt. Man sehnte sich wieder nach dem Dunkel, dem Rätselhaften, dem Wunder." Und dies wussten die von Bischofswerder, Woellner usw. auszunützen, um ihren König zwar „nicht zu selbstischen Zwecken", wie der auch hier um Gerechtigkeit bemühte Fontane betont, aber eben in ihrem „reaktionären" Sinn zu manipulieren (W 2; 281 und 309/10):

„Der König hatte den Wunsch ausgesprochen, die Geister Marc Aurels, des Großen Kurfürsten und des Philosophen Leibniz erscheinen zu sehen. Und sie erschienen ... Dem König war gestattet worden, Fragen an die Abgeschiedenen zu richten ... Es gelang ihm nicht, auch nur einen Laut über die bebenden Lippen zu bringen. Dagegen vernahm er nun seinerseits von den heraufbeschworenen Geistern strenge Worte, drohende Strafreden und die Ermahnung, auf den Pfad der Tugend zurückzukehren. Er rief mit banger Stimme nach seinen Freunden; er bat inständig, den Zauber zu lösen und ihn von seiner Todesangst zu befreien. Nach einigem Zögern trat Bischofswerder in das Kabinett und führte den zum Tod Erschöpften nach seinem Wagen" (W 2; 181), der ihn vom Charlottenburger Belvedere, dem Ort der betrügerischen Geisterbeschwörung, zurück nach Potsdam brachte.

Fontane betont, so sehr er ansonsten um eine gewisse Unparteilichkeit im Kampf der vor allem Nicolai'schen Aufklärung gegen Woellner und Co. bemüht ist (W 2; 313ff.), das Lügnerische an den rosenkreuzerischen Inszenierungen, die, ‚Machinationen' zu nennen, er sich nicht geweigert hätte: Um das Charlottenburger Belvedere sei (bis zu seiner Lebenszeit) „etwas Unheimliches ..., das nicht abzutun" sei. „Was ist es? Ist es, weil es ein Spukhaus war, weil Gespenster hier umgingen? – Nein, denn man *spielte* hier nur Gespenst. – Aber fast scheint es, als ob ein doppeltes Grauen eben daraus erwuchs, dass die Geister, die hier auftraten, nur ein Schein, eine Lüge waren." (W 2; 182)

Generell keine Frage, dass Fontane nicht bloß gegen den Kampfbegriff „Rationalist" etwas hatte (R 2; 599); er fand „die ... Grundsätze der Aufklärungszeit" *an sich* „schön", bedauerte freilich, kaum weniger nachdrücklich als die Betrügereien der Rosenkreuzer, dass jene Grundsätze „so oft zur Karikatur verzerrt" wurden[37]. Allein schon bornierter Doktrinarismus in Sachen Aufklärung konnte ihn in Rage bringen, gerade auch bei seinem alten Freund Bernhard von Lepel: „Er wirkt ganz auf mich wie ein alter pommerscher Gutsherr aus dem vorigen Jahrhundert, der in seiner Jugend statt der Bibel zufällig Voltaire gelesen hat und infolge davon auf die politisch halbliberale Seite gefallen ist, aber in seinem Standesgefühl ist dadurch nichts geändert worden, im Gegenteil, er hat es dubliert, und zwar deshalb, weil er sich für den einzig würdigen, weil ‚aufgeklärten' Repräsentanten seines Standes hält."[38]

Von Lepel ist insofern die männliche Ausgabe der tatsächlich im „vorigen Jahrhundert" sozialisierten Tante Amelie, doch allein schon sein rationalistischer Fundamentalismus alias Biblizismus ist Fontane unheimlich: „die Tyrannei des Liberalismus und Rationalismus, die um kein Haar breit besser ist, als jede andre Tyrannei" (W 3; 805), wie Fontane im Blick auf den von ihm persönlich nicht weniger als Lepel geschätzten Bischof Ross in späten Ergänzungen zu den „Wanderungen" generalisiert.[39] Und kriminell à la lettre wurde es für ihn, wenn Aller-

---

[37] Th. Fontane, Von Zwanzig bis Dreißig, S. 310.

[38] Th. Fontane, Sie hatte nur Liebe und Güte für mich, S. 265.

[39] Mit dem Pferdefuß allerdings, dass Fontanes Widerstand gegen liberale „Tyranney" den (insgeheimen) gegen liberalen Anti-Antisemitismus: die erbitterte Feindschaft gegen liberale Judäophilie, einbeschloß, nicht zuletzt von *ihr* befeuert wurde. (Vgl. mein Kapitel 12.)

weltsaufgeklärtheit in religionibus als Anlass zu bzw. Rechtfertigung für gröbsten Immoralismus fungierte: „Ich denke, leben ist leben, und tot ist tot ... Das andre haben sich die Pfaffen ausgedacht. Spiegelfechterei sag' ich, weiter nichts. Glaube mir, die Toten *haben* Ruhe.“ (R 1; 526)

So versucht der durchaus nicht unabergläubische Anti-Held in „Unterm Birnbaum“ seine wegen eines gemeinsamen Mordes von schlechtem Gewissen geplagte Frau zu be-ruhigen. Nicht zuletzt er vermag Pseudoaufgeklärtheit als rationalisierenden Zynismus zu erweisen. *Fontane* war alles andere als unmoralisch und schätze gerade die authentischer Vernunft eignende Moral, das Gewissen – auch historisch richtig[40] – nicht für eine religiöse, gar christliche Besonderheit ansehend. Und unbeschadet dessen, dass er erneut Hradscheck in „Unterm Birnbaum“ sein vorgeblich „protestantisches Gewissen“ zugunsten eigener Spiegelfechtereien ins Feld führen lässt. Nicht einmal jenes wird dadurch prinzipiell entwertet, so sehr unter Einschluss seiner gilt: „... es gibt immer Gründe für das, was wir wünschen ...“ (R 1; 531 und 105).

Gewissen setzt weder Religion, noch gar Christentum voraus, umgekehrt kann sich letztlich profanes, jedenfalls aufgeklärtes Ethos immer noch – und sei es nur pädagogisch – auf das Mosaische Gesetz beziehen[41]: „Du hast die Zehn Gebote, Hilde. *Die* halte. Denn sie haben ... das *Gesetz*, das uns hält und ohne das wir schlimmer und ärmer sind als die ärmste Kreatur. Ja, ... wir haben viel hohe Bergesgipfel; aber der, auf dem Moses stand, das ist der höchste.“ – „Der Berg des Lichts“, wie der zitierte Pfarrer Sörgel seine Hilde „Sinai“ ins Deutsche überset-

---

40 Vgl. H. Cancik-Lindemaier, Gewissen, in: Handbuch religionswissenschaftlicher Grundbegriffe. Bd. III (Stuttgart u.a. 1993), S. 17–31.

41 Vgl. außerordentlich prominent: Th. Mann, Das Gesetz, in: ders., Die Erzählungen, Frankfurt/M. 1986, S. 961ff. und sekundär: R. Faber, Eine literarische Intellektuellentypologie. Thomas Manns Beitrag zu Geschichte und Theorie des (Anti-)Humanismus, Würzburg 2011, Kap. 13.

zen lässt (R 1; 131) – unter deutlicher Konnotierung aufklärerischer Licht-Metaphysik[42].

Hilde wiederum wird auf ihrem Grabstein, testamentarisch sans phrase, den Spruch stehen haben wollen: „Ewig und unwandelbar ist das Gesetz“, um – so transzendental wie fundamental –, zum Ausdruck zu bringen, dass sich niemals das (Sitten-)Gesetz gegen den Menschen, sondern immer nur dieser gegen jenes „versündigt“ (R 1; 212 und 219): dass der Mensch es also zu *befolgen* habe. Entscheidend dabei ist freilich, nicht unbarmherzig bzw. inhuman[43] ungebührlicher Härte zu verfallen, der fatalen Maxime von Hildes Adoptivvater und späterem Ehemann, eines „Heidereiters“, folgend: „Wer leben will, der muss scharf zufassen“. Ganz im Gegenteil darf man „nicht bloß dem Gesetz nichts vergeben, sondern auch der Liebe nichts“. (R 1; 134 und 257/8)

Der zuletzt zitierte Pastor Siebenhaar exemplifiziert im Roman „Quitt“ gegenüber dem so sehr an den „Heidereiter“ erinnernden und sich mit der „Obrigkeit“ überidentifizierenden Förster Opitz: „Gewiss, Zucht und Sitte sollen sein; wer will das bestreiten? ... wenn ich ... am Einsegnungstage den jungen Dingern zurede, dass sie sich gut halten sollen, dann tu' ich das nicht bloß, um was zu sagen, dann tu' ich es auch, weil mir's mein Herz so vorschreibt und weil ich weiß, was ein guter Wandel ... bedeutet und dass Glück und Unglück daran hängt ... Aber wenn's dann nachher anders geht und wenn eine Braut vor den Altar tritt mit einem Myrtenkranz, der ihr eigentlich nicht

---

[42] Vgl. H. Cancik-Lindemaier, „Aus so großer Finsternis ein so helles Licht.“ Antike und Aufklärung, in: R. Faber/B. Wehinger (Hg.), Aufklärung in Geschichte und Gegenwart, Würzburg 2010, S. 61–83.

[43] Zum engen Zusammenhang von Humanität und Barmherzigkeit vgl. H. Cancik, Entrohung und Barmherzigkeit, Herrschaft und Würde. Antike Grundlagen von Humanismus, in: R. Faber (Hg.), Streit um den Humanismus, Würzburg 2003, S. 23–41; neuerdings ist auch zu verweisen auf ders., Gleichheit und Menschenliebe. Humanistische Begründung humanitärer Praxis, in: H. Groschopp (Hg.), Barmherzigkeit und Menschenwürde, Aschaffenburg 2011, S. 17–33.

zukommt, dann ... fahre (ich, R.F.) nicht mit Feuer und Schwefel drein ... und verzichte darauf, aus der Altarstufe, darauf das arme Ding kniet, eine Armesünderbank zu machen. Ich verzichte darauf ... und tue sie beide zusammen und empfehle sie ... der Gnade Gottes. Ich will ... die Kirchenzucht nicht üben, trotzdem ich sie wohl über dürfte, ja, wie die Strengen meinen, auch wohl üben *sollte*. Und sehen Sie, Opitz, wie's in der Kirche ist, so ist es auch im Wald. Sie müssen ... nicht bloß dem Gesetz nichts vergeben, sondern der Liebe nichts vergeben. Es ist eine Täuschung, wenn wir uns immer und ewig auf unser Amt und unsere Pflicht oder gar auf unseren Schwur ... berufen. Das meiste, was wir tun, tun wir doch aus unserer Natur heraus, aus Neigung und Willen." (R 1; 257/8)

Aus Siebenhaar spricht noch hauptsächlich der „Geist *christlicher* Liebe", doch die konvergiert mit aufklärerischer Humanität oder eben *Phil*anthropie, ohne die aufgeklärter Moralismus genau so wenig einer ist wie heteronome Gesetzlichkeit diese ohne jüdisch-christliche Nächsten*liebe*. Fontane jedenfalls hat an der Aufklärung gerade auch ihre Philanthropie gefallen: „die Menschenliebe", die Melcher, als ihm freilich nicht ausreichende, Pfarrer Sörgel zugestehen *muss*. Neben ihm, wenn auch nicht ohne Vorbehalt, sind der gleichfalls „gebildete" Pfarrer Eccelius in „Unterm Birnbaum" zu nennen, ausdrücklich ein „*Logen*bruder" (R 1; 258, 187, 464 und 492), und last not least der realhistorische Charles Guichard: „Sein moralischer Charakter war gutthätig und freundlich gegen seine Nächsten, ohne Hochmuth und Geiz, übrigens aber von deistischem Glauben." (W 2; 792)

Tant mieux und gerade auch deshalb, weil jede Art Philanthropie wie Milde in moraliis, so Toleranz in religionibus impliziert: die von Fontane vor allen anderen Tugenden so sehr geforderte und wahrer Aufklärung *wesentlich* eigene. Trivial bis vulgär artikuliert sie sich, mit Schulze Woytaschs Worten beispielsweise, wie folgt: „Wenn einer Szulski heißt und aus Krakau kommt, ist er kattolsch. Aber das schad't nichts ich bin für Aufklärung." Dass dabei ausdrücklich königliche Autorität bemüht wird – „Der alte Fritze war auch für Aufklärung" (R 1; 491) – nobilitiert solche Schnoddrigkeit kaum; des „alten Fritzen" recht zynische Religions*politik*, nicht zuletzt den dazuereroberten schlesischen Katholiken gegenüber, bleibt sowieso im Dunkel und auch dann, wenn Fontane in seinen historiographischen „Wanderungen" – speziell im Blick auf die „Kolonistendörfer" des Oderbruchs – so kommentar- wie einschränkungslos formuliert: „Jegliche Religionsausübung war frei." Immerhin kommt er nicht darum herum fortzufahren: „Der König ließ sechs neue Kirchen bauen, setzte vier Prediger, zwei reformierte und zwei lutherische ein, und gab jedem Dorf *eine* Schule." (W 1; 584)

Vor allem aber wollte Fontane persönlich durchaus mehr: Bloß „ein Auge zu(drücken)", wie in „Grete Minde" den noch recht feudalen „Junkerchen" im Rat des bereits reformatorischen Cölln nachgesagt (R 1; 73), schien ihm nicht ohne Frivolität zu sein. Und auch Kunickes Rede in „Unterm Birnbaum", „Der Franzose sei zwar sehr wahrscheinlich ein Kattolscher gewesen, aber man dürfe das so genau nicht nehmen; die Kattolschen seien bei Licht besehen auch Christen, und wenn einer schon so lang in der Erde gelegen habe, dann sei's eigentlich gleich, ob er den gereinigten Glaube gehabt habe oder nicht" (R 1; 514), stand bei Fontane immer mal wieder im Geruch von „Indifferenz" und „Verfall" (W 3; 803).

Andererseits billigte er schon in seinen konservativen Jahrzehnten nicht nur Friedrich Wilhelms I. Oktroyierung des Friedrichsfelder Simultaneums für Lutheraner und Reformierte (W 2; 596), sondern feierte geradezu den Berlin-Cöllner Konsistorialrat Andreas Fromm, der sich bereits zweihundert Jahre früher „als ein Mann des Friedens, der Versöhnung und des *schönen Maßes*" erwiesen habe. Ihm, „dem es am Herzen lag, das echt biblische Christentum an die Stelle des schroff-lutherischen und schroff-calvinistischen zu setzen“, sei beispielsweise „die ‚Formula Concordiae‘, die von den Wittenbergischen Ultras als Palladium der reinen Lehre verehrt und als ein rechter Prüfstein für das volle Maß der Rechtgläubigkeit angesehen ward, ... lediglich als eine unselige Scheidewand zwischen Lutheranern und Calvinisten“ erschienen. Er habe, „wenn nicht an eine *Verschmelzung* so doch an eine *Versöhnung* der beiden Konfessionen, an die Möglichkeit eines einträchtigen Nebeneinandergehens“ geglaubt und „deshalb die unerbittliche Rechthaberei der Lutheraner, deren Starrsinn ... die Möglichkeit einer Ausgleichung oder auch nur eines gegenseitigen sich Geltenlassens immer weiter hinausdrückte“ (W 1; 72–4), lebhaft beklagt.

Damit aber für Fontane immer noch nicht genug; ihm ging es bei der schon von Fromm „desiderierte(n) christlich-brüderliche(n) Verträglichkeit“ (W 1; 73) um eine, die die Katholiken einbeschloß. So wenn er bereits 1870 seinen „kleinen oberschlesischen Prediger“ Dr. Lierke dafür lobt, dass er mit dem katholischen Geistlichen und den vielen Katholiken der Gegend gut steht, „weil er keine Übertritte zur evangelischen Kirche künstlich einleitet“. Nur konsequent hat Fontane gleich zu Beginn des Kulturkampfs volles Verständnis dafür gehabt, dass die Katholiken „aufs tiefste verstimmt“ sind: „von ihrem Standpunkt aus mit Recht“.[44] Dabei war Fontane *substanziell* keinen Augenblick philokatholisch[45], nur weder militant antikatholisch aus konfessionalistisch-protestantischen noch aus illiberal–

---

[44] Th. Fontane, Sie hatte nur Liebe und Güte für mich, S. 153/4 und 192

[45] Besonders deutlich wird das meines Erachtens aus folgender Briefstelle: „... wie sonst der Katholizismus das Leben durchdrang und den Einzelmenschen von ‚im Mutterleibe an‘ bis über das Grab hinaus in Händen hielt, stärkte, segnete, peinigte, opferte, so jetzt der Militarismus.“ (Briefe an Georg Friedlaender, S. 61) Fontane kritisiert hier vehement den preußischen Militarismus, doch eben unter Rekurs auf den äußerst negativ charakterisierten *Katholizismus*, so wie den konfessionalistisch-orthodoxen Protestantismus durch Analogisierung mit katholischem *Inquisitorentum*, dessen „Zeiten nicht erlebt zu haben“, er sehr glücklich ist (ebd., S. 84).

liberalen Gründen. Dem *im besten Sinn* aufgeklärten Universalismus, den man auch Pan-Ökumenismus nennen kann, hat er aber zugeneigt. So, wenn er in „Effi Briest“ einen Berliner Pastor gesagt haben lässt, man hätte einen in Kessin verstorbenen Chinesen „ruhig auf dem christlichen Friedhof begraben können, denn der Chinese sei ein sehr guter Mensch gewesen und geradeso gut wie die anderen“ (R 4; 86), die sich Christen nennen (dennoch aber oder gerade deswegen Imperialisten und Kolonialisten sein können[46]).

Für Fontanes „individuellen Standpunkt“ war jemand wie dieser Pastor, auch wenn ein Konsistorium möglicherweise immer noch den Stab über ihn hatte brechen müssen (R 4; 86), eine „Nathan-Figur“ und damit „das Höchste und Beste“. Denn solchem Menschen ist „der Mensch ... alles; der *gute* Mensch sein Freund.“ (W 3; 803) – „Mensch ist Mensch“, wie Fontane kürzest und ohne ‚Wenn und Aber‘ (wieder nicht zufällig in einem Brief an Freund Friedlaender) dekretiert.[47] Auf diesen seinen Fundamentaluniversalismus bzw. -humanismus ist ausführlich zurückzukommen, freilich auch auf seinen, diesen schmerzlich einschränkenden *Antisemitismus*. Hier möchte ich nur noch auf das vom republikanischen Mennoniten Obadja in den USA begründete und geleitete panökumenische „Haus des Friedens“ verweisen, das Christen aller nur denkbaren Kirchen und Denominationen, aber auch Pagane, Agnostiker und Atheisten umschloss und konsequenterweise bestimmt sein sollte

---

[46] Vgl. D. Storch, „... unterm chinesischen Drachen ... Da schlägt man sich jetzt herum“. Fontane, der Ferne Osten und die Anfänge der deutschen Weltpolitik, in: H. Delf von Wolzogen (Hg.), Theodor Fontane. Am Ende des Jahrhunderts. Bd. I, Würzburg 2000, S. 113–28, und R. Parr, Kongobecken, Lombok und der Chinese im Hause Briest. Das ‚Wissen um die Kolonien‘ und das ‚Wissen aus den Kolonien‘ bei Theodor Fontane, In: K. Ehlich (Hg.), Fontane und die Fremde, Fontane und Europa, Würzburg 2002, S. 212–28.

[47] Th. Fontane, Briefe an Georg Friedlaender, S. 254; vgl. bereits R 3; 706.

von einem „Geist des *Ausgleichs* und der *Versöhnung*". (R 1; 346/7 und 384[48])

[48] Was Obadjas generellen Pazifismus angeht, verweise ich auf R 1; 377, wo „das Blutvergießen um Land und Herrscher und selbst um Glaubens und Freiheit willen" einschränkungslos „Sünde" genannt wird, und, was den Begriff „Panökumenismus" betrifft, auf R. Faber, Libertäre Katholizität statt traditioneller Katholizismus, in: R. Faber (Hg.), Katholizismus in Geschichte und Gegenwart, Würzburg 2005, S. 9–28.

4. Dissentertum und Pietismus im allgemeinen, Herrnhutertum und Mennonitentum im besonderen

Für Christel Köhle-Hezinger

Ob täuferische bzw. (ana-)baptistische Friedenskirchen in Art der mennonitischen überhaupt Kirchen sind, interessiert hier nicht, jedenfalls sind sie – in Europa – außerhalb des dortigen Landeskirchentums angesiedelt, staatsunabhängig und nicht zuletzt deshalb autonom oder, wenigstens in Augen der Groß-, gar Staatskirchen, ‚Dissenter' (gewesen), so wie seit dem späten 17. und frühen 18. Jahrhundert mehr oder weniger alle Arten von *Pietismus*, den Fontane gleichfalls auf's differenzierteste präsentiert und kommentiert. Das „Halb-Komische" am Pietismus (R 1; 566) hindert den Schwiegersohn einer Hernnhuterin überhaupt nicht daran. Mit ihm selbst eigener Doppelironie (R 2; 567) kann man auch Fontane einen „Wissenschaftler auf diesem Gebiet" nennen; zeitlebens hat er tatsächlich „Dissenterstudien" betrieben, aus vielleicht nicht „Vorliebe", jedoch ernsthaftem Interesse an „derlei Fragen" heraus. (R 5; 221)

Gerade vor'm beispielsweise in Mennonit Obadjas ökumenischer Brüder- und Schwesterngemeinde zu konstatierenden nicht „herzlichen", aber doch „unausgesetzt friedlichen Verkehr" (R 1; 346) hat Fontane sogar „tiefen Respekt" (R 3; 47) gehabt: gegenüber einem „Geist der Ordnung und Liebe" (R 1; 346), wie, im selben Zusammenhang zu formulieren, er sich gleichfalls nicht scheut. Nicht einmal der so herrnhutisch wie freimaurerisch inspirierte Gedanke, „in der Menschheit eine Brüdergemeinde zu sehn" (R 7; 498) wird von ihm *an sich* der Lächerlichkeit preisgegeben. Keinem anderen als seinem Intimus Friedlaender hat Fontane 1896 anvertraut: „Persönlich bin ich ganz unchristlich, aber doch ist dies herrnhutische Christentum, das in neuer Form jetzt auch wieder bei den jüngeren Christlichsozialen zum Ausdruck kommt, das Einzige, was mich noch interessiert, das Einzige, dem ich eine Berechtigung und eine Zukunft zuspreche. Das Andre ist alles Blödsinn, ganz besonders aber der Mammonismus, der die niedrigste Form menschlichen Daseins repräsentiert."[49]

Fontane hat in „Quitt" ausdrücklich festgehalten, dass gerade jemand wie sein Obadja „rechnen" kann und „ganz gut ... weiß", „wo Barthel Most (= Geld) holt" (R 1; 380) – auf Max Webers erst Jahre danach erscheinende „Protestantismus"-Schriften musste Fontane dafür nicht warten –, trotzdem hat er auch später noch auf's Solidarische oder eben Brüderliche bei den – laut Weber – „Sekten"[50] abgehoben. Dass ihre Mitglieder einen „ordentlichen Beruf" und die ihm entsprechende Berufs-*ethik* besitzen müssen, hat Fontane dabei keineswegs übersehen: die generell das Gemeindeleben bestimmende, nicht zuletzt „preußisch" genannte Askese, die gerade auch in der „an Kahlheit grenzende(n) Schlichtheit" des „Betsaales", in dem keine Orgel, sondern nur ein Harmonium steht, ihren Ausdruck findet. (R 1; 374 und 381[51])

Selbst der vor allem positiv gezeichneten Herrnhuterin Schorlemmer vermag er *„rigoröse* Launen" nachzusagen. (R 3;

---

49 Th. Fontane, Briefe an Georg Friedlaender, S. 294. – Schon hier sei nicht verschwiegen, dass „Mammonismus" bei Fontane kaum je ohne nicht wenigstens antijudaistische *Kon*notation ist. Jener ist Synonym für Bourgeoisie, Kapitalismus und Manchestertum, also Wirtschaftsliberalismus, aber nicht zuletzt auch *Judentum*.

50 Vgl. M. Weber, Die protestantische Ethik. Eine Aufsatzsammlung, München und Hamburg 1965. – Dass Webers „Protestantismus"-These, generell gesehen, recht problematisch ist, dazu vgl. D. Schellong, Der „Geist" des Kapitalismus und der Protestantismus. Eine Max-Weber-Kritik, in: R. Faber/G. Palmer (Hg.), Der Protestantismus – Ideologie, Konfession oder Kultur?, Würzburg 2003, S. 231–53.

51 Was speziell die Bedeutung des Harmoniums im Pietismus betrifft, verweise ich auf C. Köhle-Hezinger, Das Harmonium oder: Frommes Schwellen, sanfte Bewegung, in: dies., Alltagskultur: sakral-profan. Ausgewählte Aufsätze, Münster u.a. 2011, S. 183–201.

559) Richtig peinlich, ja ärgerlich werden solche für Fontane jedoch erst – dann freilich unweigerlich –, wenn sie sich mit der herrschsüchtigen Arroganz des märkisch-pommerschen Adels verbinden. Dass der mit den pfingstlerischen Irvingianern sympathisierende Rex „einen Verein ... für *Früh*gottesdienste" gegründet hat (R 5; 49), vermag noch als ‚Privatmacke' durchzugehen, seine Rede von „Sittlichkeitsregimentern", gar solchen „mit Askese" verfällt dem unüberhörbaren Vorwurf *lächerlicher* Weltfremdheit:

> „‚Nun hören Sie, Rex, Regimenter kenn' ich doch auch. Es gibt ihrer von allen Arten, aber Sittlichkeitsregimenter kenn' ich noch nicht.' – ‚Es gibt's ihrer aber. Zum mindesten hat's ihrer immer gegeben, sogar solche mit Askese.' – ‚Nun ja, Cromwell und die Puritaner. Aber „long, long ago". Verzeihen Sie die abgedudelte Phrase. Aber wenn sich's um so feine Dinge wie Askese handelt, muss man notwendig einen englischen Brocken einschalten. In Wirklichkeit bleibt alles beim alten. Sie sind ein schlechter Menschenkenner, Rex, wie alle Konventikler. Die glauben immer, was sie wünschen.'" (R 5; 74)

Rex' Widerpart in diesem Streitgespräch ist der leichtlebige Offizier Czako, doch niemand vermag zu bestreiten, dass aus ihm (kaum nur an dieser Stelle) Fontane persönlich spricht. Selbst der Schorlemmer lässt er von deren Liebling Renate sagen: „‚Ach, liebe Schorlemmer, es ist mit euch Herrnhutern ein Eigending. Ihr seid fromm, aber prophetisch seid ihr nicht.' – ‚Das darfst du nicht sagen, Renate. Wer den rechten Glauben hat, der sieht auch das Rechte.' – ‚Das Rechte, aber nicht immer das Richtige. Die Wirklichkeit der Dinge lässt euch im Stich'" (R 3; 564) – woran der Doktrinarismus schuld ist, der negativ auch den Pietismus auszeichnet. Fontane lässt keinen Zweifel daran, noch wenn er das ‚Rechthaberisch-Doktrinäre' der Fortschrittspartei gezielt mit dem „Doktrinarismus eines rabiaten *Konventiklers*" vergleicht[52].

---

[52] Th. Fontane, Von Zwanzig bis Dreißig, S. 252.

Christine von Holk ist bestimmt nicht „rabiat" und auch nicht einfach „in die Traktätchen gefallen" (R 3; 538), was als synonym zu ‚Konventikler Werden' gelten darf, doch dass die „feine" Dame (R 5; 221) eine „bei den Herrnhutern erzogene" ist – „trotz ihrer siebenunddreißig Jahre ... in manchen Stücken ... noch ganz das Gnadenfreie ... Pensionsfräulein" –, hat selbst *ihre* geistige Beweglichkeit und *ihren* Geschmackssinn beeinträchtigt. Die durchaus „schöne Seele" – Fontane ruft Goethes Fräulein von Klettenberg nachdrücklich in Erinnerung – empfindet dem „pietistische(n) Kolorit von ‚Blümelein und Engelein'" gegenüber durchaus kein Missfallen, ganz im Gegenteil. (R 2; 568 und 593/4)

Andererseits ist sie, wie alle PietistInnen und damit über das großkirchlich-protestantische Maß hinaus, a- bis antiklerikal: laienstolz[53], wenn man will. Und das imponiert Fontane wieder ein Stück weit, gehört es doch zu seinen eigenen tiefsten Überzeugungen, weil *Erfahrungen*: „Es gibt konventikelnde Leineweber, die die Predigt eines Oberkonsistorialrats sehr wohl beurteilen können, und es gab immer Farbenreiber, die sich sehr gut auf Bilder verstanden."[54] Auch im Fall seines hochambivalent gesehenen Melcher Harms hat Fontane festgehalten: „... wenn er einerseits unzweifelhaft unter dem Einfluss einer herrnhutischen und dann wieder geisterseherischen Strömung war, so war es doch ebenso sicher, dass er sich unter Umständen von jedem derartigen Einflusse freizumachen und seinen eigenen Eingebungen zu folgen liebte." (R 1; 146)

Andere gehen darüber hinaus, weiter sogar als der altadelige von Rex mit seinem Privat-„Verein für Frühgottesdienste" (R 5; 49); Franke in „Irrungen, Wirrungen" zum nicht beliebigen Beispiel: „... nachdem er erst bei den Mennoniten und dann später bei den Irvingianern eine Rolle gespielt hatte", hatte der

---

[53] Ich verweise auf: H.J. Goertz, Die Reformation oder: Von der Priesterkultur zur Laienkultur, in: R. Faber/G. Palmer (Hg.), a.a.O., S. 27–39.

[54] Th. Fontane, Meine Kinderjahre, S. 119.

„Konventikler ... neuerdings eine selbständige Sekte gestiftet", mit ihm offenkundig als ‚charismatischem' Haupte. Dass er „ein ordentlicher und gebildeter Mann, von nicht gerade feinen, aber sehr anständigen Manieren" war, „dabei guter Unterhalter" (R 2; 424), musste solchem Charisma überhaupt nicht hinderlich sein. Nur, dass dieses *an sich* problematisch ist, und nicht bloß beim „*Orakel* von Emmerode" genannten Melcher Harms, der „mit dem ganzen Leuchteblick eines echten Konventiklers" zu sprechen pflegt, „der sich seiner Prophetengabe voll bewusst ist". (R 1; 189)

Unabhängig davon, dass er sich manch Abergläubischem wie einem „gewaltsamen" Gesundbeten nachdrücklich verweigerte, zeugte allein schon Harms' „am liebsten in Andeutungen und rätselvollen Sätzen" Sprechen (R 1; 194 und 209), nicht anders als sein charismatischer Ton und Anspruch, von fundamental nicht-, ja gegenaufklärerischem Wesen. Und wie bereits bei den Rosenkreuzern verband sich dieses noch im 19. Jahrhundert leicht mit der Gegenrevolution, wurde – in ihm – speziell die pommersche Erweckungsbewegung zu einer Speerspitze *politischer* Reaktion[55].

---

[55] Ich verweise, was den Neupietismus angeht, auf: E. Beyreuther, Die Erweckungsbewegung, Göttingen 1977 (2. Aufl.), sowie G.A. Benrath, Die Erweckungsbewegung innerhalb der deutschen Landeskirchen 1815–1888, in: K. Gäbler (Hg.), De Pietismus im neunzehnten und zwanzigsten Jahrhundert, Göttingen 2000, S. 150–271, bes. 168–172. – Fontane selbst spricht vom „*pietistischen* Konservatismus, den Friedrich Wilhelm IV. aufbrachte und der sich bis 1866 hielt". Ihn wollte er in seinem „Storch von Adebar" entlarven, „in seiner Unechtheit, Unbrauchbarkeit und Schädlichkeit" (R 7; 717/8).

5. Hochkirchliches Bündnis von Thron und Altar zugunsten gottgewollter Ständeordnung

Für Hans-Martin Gutmann

Schon im „Rosenkreuzer"-Kapitel der „Wanderungen" heißt es, dass es sich „um *Reaktion*, um einen Kampf gegen die Neologen und Ideologen, gegen die Aufklärer und Freimaurer, gegen die Demokraten und Illuminaten handelte ... die alten Elemente in Staat und Kirche" nahmen, „*ganz wie in unseren Tagen*, ... einen organisierten Kampf gegen den Liberalismus in all seinen Gestalten und Verzweigungen auf. Nur die Organisation war verschieden, heute öffentlich in Kammer, Lehrstuhl, Presse, damals geheim in Orden und Brüderschaften. Jede Zeit hat ihre Kampfesformen; der Kampf bleibt derselbe" (W 2; 309/10), und zwar mit allen jeweils zur Verfügung stehenden *Macht*mitteln:

„... je mehr ich weiss, dass ich das Irdische nur will um des Ewigen willen und dass alles nur Mittel ist zum Zweck, je rücksichtsloser darf ich auch in dem Erreichen-wollen sein. Das Wenige was wir an Einfluss haben, muss angewandt werden, um diesen Einfluss zu verdoppeln." (R 7; 406) So die ihren „Storchen"-Mann vor sich hertreibende – nomen ist omen – Cesarine von Adebar. Ihr lebenslanges „Programm" definiert sie wie folgt: „... ich will meins Teils dahin wirken, dass wir eine Umkehr haben, dass sich diese entgötterte Welt wieder auf das Heil besinnt und das Heil da sucht, wo es allein zu finden ist, in Gehorsam und Demut und Fügung in die Fügungen Gottes. Ich will die Herrschaft von Thron und Kirche und Klassen-Gliederung an Stelle dieses modischen Unsinns von der Egalité." (R 7; 404)

Vorgeblich geht es um Gott und Kirche, tatsächlich jedoch um Königtum und vor allem Ständewesen bzw. „Klassen"-

Hierarchie, unter skrupelloser Indienstnahme der aufgrund ihrer Weiterexistenz zur Verfügung stehenden Machtprivilegien. Cesarine betont ein weiteres Mal die „Konservierung alles Heiligsten", doch nur um fortzufahren: „... je größer die Macht und die Mittel sind, mit denen wir diesem zustreben, je besser werden wir's erreichen. Und so brauchen wir denn Irdisches um des Himmlischen willen. Es liegt das in der Begrenzung menschlicher Natur, alles bedarf eines Trägers, eines Stoffes. Das göttliche Wort selbst bedarf eines Mundes, der es spricht. Also Macht und Mittel. Und sie zu gewinnen ist deshalb statthaft und kleidet sich in die Worte: ‚seid sanft wie die Tauben und klug wie die Schlangen.' Das *sollen* wir sein. Und auch hierin könnten wir von der katholischen Kirche lernen" (R 7; 404/5), die ansonsten gerade für die gilt, die ‚jesuitisch' das „Himmlische" um des „Irdischen" wegen *miss*braucht ...

Cesarine und die Ihren katholisieren jedoch nicht nur faktisch, im Sinn dieser anti-katholischen Stereotype, sondern auch intentional, als Hochkirchler im Gefolge des mehr als „strenggläubigen" (W 3; 800), nämlich neobyzantinischen Friedrich Wilhelm IV.[56] Die „alles" bestimmende „Störchin" habe „dem Hause" ihres Mannes „den zu Fr. W. IV. Zeiten modischen christlich-konservativen Stempel" gegeben, wie Fontane ausdrücklich zu bemerken nicht unterlässt: „mit Bethanien, innrer Mission, Wichern ..., Asylen, Magdalenen-Stiften etc.". (R 7; 398)

Einschlägiger in unserem Zusammenhang ist freilich Cesarines „Aufgehen"-Wollen im „christlich-germanischen *Hof*dienst" (R 7; 398), der untrennbar vom Gottes- bzw. Christusdienst ist. Noch der im Unterschied zur üblen Karrieristin

---

56 Vgl. u.a. H.-J. Schoeps, Das andere Preußen. Konservative Gestalten und Probleme im Zeitalter König Friedrich Wilhelms IV., Berlin 1974 (4. Aufl.), sowie neuerdings Gerd-H. Zuchold, Friedrich Wilhelm IV. und das byzantinische Gott-Königtum. Seine Kirchenentwürfe als Modell einer „Kirche der Zukunft" in Preußen. www.zeitenblicke.de/2010/3/Zuchold.

Cesarine wirklich fromme Pfarrer Siebenhaar gruppiert, die Prioritäten anders als diese setzend, Friedrich Wilhelm III. und seinen Sohn, den „Kronprinzen“ Friedrich Wilhelm IV., „zur Rechten und Linken“ *seines* „Christusbildes“. (R 1; 217)

Friedrich Wilhelms IV. neobyzantinischen Geschmack auch in aestheticis zu teilen, gibt sich gerade wieder die streberhafte bis servile Cesarine Mühe: Ihr Kunst-„Maler ist ein gesunder, fester Mensch, der sich gegen (Carl Gottfried) Pfannschmidt erklärt, weil dieser zu weltlich sei, zu viel Fleisch habe. Das *Byzantinische*, Ravenna, die schwebenden hageren Engelleiber, das ist das einzige. Raphael bedeutet (schon, R.F.) Verweltlichung.“ (R 7; 408) – Wir haben bereits gehört, dass all solche Bemühungen „um ... Kunst und Christentum“, auch der noch von Rex propagierte Sakral*bau* (R 5; 240), keineswegs zur Wiederverkirchlichung verholfen haben, das enge Miteinander von Thron und Altar, Preußentum und Protestantismus bleibt jedoch weiter zu erläutern.

Fontane persönlich fand es so überrepräsentativ wie realallegorisch zum Ausdruck gebracht im Arbeitszimmer des Chefredakteurs der reaktionär-konservativen „Kreuzzeitung“, die im Umkreis Friedrich Wilhelms IV. entstanden und immer noch von diesem geprägt war, auch nach seiner Entmündigung im Jahre 1857: Das „unmittelbare Milieu“ des Chefredakteurs bestand „links neben ihm aus einem mittelgroßen Sofakissen, rechts über ihm aus einem schwarz eingerahmten Bilde ... In das Sofakissen war das Eiserne Kreuz eingestickt, während aus dem schwarzen Bilderrahmen ein mit der Dornenkrone geschmückter Christus auf mich niederblickte. Mir wurde ganz himmelangst“, wie sich Fontane erinnert, zumal „auch das mühsam geführte Gespräch ... anfänglich wie zwischen dem Eisernen Kreuz und dem Christus mit der Dornenkrone hin und her pendelte“.[57]

---

[57] Th. Fontane, Von Zwanzig bis Dreißig, S. 258.

Fontane wäre freilich nicht Fontane, wenn er nicht bald anmerken würde, nachdem er von der „Kreuzzeitung" als England-Korrespondent angestellt worden war, „nichts von Byzantinismus, nichts von Muckertum" hätte bemerken können. „Alles verlief eher umgekehrt. Stärkste Wendungen, auch gegen Parteiangehörige, fielen beständig und von jener erquicklichen Meinungsfreiheit – der ich übrigens ... auf *allen* Redaktionen begegnet bin – wurde der weiteste Gebrauch gemacht."[58]

Fontane gedenkt „gern eines Wortes, das (Rechts-)Professor (Friedrich Julius, R.F.) Stahl einmal in einer Kreuzzeitungs-Versammlug aussprach: ‚Meine Herren, vergessen wir nicht, auch das konservativste Blatt ist immer noch mehr Blatt als konservativ.'"[59] Ja, er findet warme Worte für die menschliche Vornehmheit und Freiheit der „leitenden Herren" der „Kreuzzeitungs"-Gruppe, namentlich der Gebrüder von Gerlach, doch das kann keinen Augenblick vergessen machen, dass er die *„ständische Verfassung"*, die Friedrich Wilhelms IV. Hauptberater Ludwig von Gerlach „unter allen Umständen konservieren" wollte, je länger desto mehr für „altmodisch" hielt. Die „zufälligen Träger" der „Rückschrittsprinzipien" würden es ihm, obgleich er nach seinem „Kreuzzeitungs"-Jahrzehnt „immer demokratischer geworden" sei, nach wie vor antun, ihre Prinzipien aber seien stets „gegen meinen Geschmack" gewesen. Eben 1898 findet er es einen „großen Kulturfortschritt, dass diese ganze Menschenklasse *weg* ist".[60]

---

[58] Ebd., S. 258/9.

[59] Ebd., S. 259. – Kritisch gegenüber Stahl (und auch Johann Hinrich Wichern): H.-M. Gutmann, Das harmonisierte Gemeinwesen. Über die Ambivalenz eines protestantischen Ideals, in: R. Faber/G. Palmer (Hg.), a.a.O., S. 41–75, sowie ders., „Die arme Frau Dortel am Weihnachtsabend". Eine Erzählung Johann Hinrich Wicherns aus dem Jahre 1848 in sozialgeschichtlichem Kontext, in: R. Faber und E. Gajek (Hg.), Politische Weihnacht in Antike und Moderne. Zur ideologischen Durchdringung des Fests der Feste, Würzburg 1997, S. 87–118.

[60] Th. Fontane, Von Zwanzig bis Dreißig, S. 261, 305, 270 und 273; vgl. auch E. Beutel, Fontane und die Religion. Neuzeitliches Christentum

Fontane war kein Anhänger des noch nach 1945 vom ungebrochenen „Konservativen Revolutionär“ Hans-Joachim Schoeps als „anderes“, eigentliches und deshalb vorbildliches gefeierten „Preußen“ der Gebrüder Gerlach und ihres Königs.[61] Ganz im Gegenteil, wie vor allem folgende Passage aus Fontanes die ganze Zeit schon herangezogenen Lebenserinnerungen „Von Zwanzig bis Dreißig“ belegt: „Aufs Politische hin angesehen, war in unserem ganzen Leben (1848/49) alles antiquiert, und dabei wurden Anstrengungen gemacht, noch viel weiter zurückliegende Dinge heranzuholen und all dies Gerümpel mit einer Art Heiligenschein zu umgeben, immer unter der Vorgabe, ‚wahrer Freiheit und gesundem Fortschritt dienen zu wollen‘. Dabei wurde beständig auf das ‚Land der Erbweisheit und der historischen Kontinuität‘ verwiesen, wobei man nur über eine Kleinigkeit hinwegsah. In England hatte es immer eine Freiheit gegeben, in Preußen nie; England war in der Magna-Charta-Zeit aufgebaut worden, Preußen in der Zeit des blühendsten Absolutismus.“[62]

> „Vor dieser Zeit staatlicher Gründung, beziehungsweise Zusammenfassung, hatten in den einzelnen Landesteilen (Preußens) allerdings mittelalterlich ständische Verfassungen existiert, auf die man jetzt, vielleicht unter Einschiebung einiger Magnifizenzen, zurückgreifen wollte. Das war dann, so hieß es, etwas ‚historisch Begründetes‘, viel besser als eine ‚Konstitution‘, von der es nach königlichem Ausspruche feststand, dass sie was Lebloses sei, ein bloßes Stück Papier. Alles berührte, wie wenn der Hof (Friedrich Wilhelms IV.) und die Personen, die den Hof umstanden (nicht zuletzt die

---

im Beziehungsfeld von Tradition und Individuation, Gütersloh 2003, S. 53/4.

61 Kritisch Schoeps gegenüber: R. Faber, *Deutschbewusstes Judentum* und *jüdischbewusstes Deutschtum.* Der Historische und Politische Theologe Hans-Joachim Schoeps, Würzburg 2008, bes. Kap. 7–9.

62 Th. Fontane, Von Zwanzig bis Dreißig, S. 328/9.

> von Gerlachs, R.F.), mindestens ein halbes Jahrhundert verschlafen hätten."[63]

Fontane grenzt sich klar von ständischer Ordnung wie Absolutismus ab. Letzteren erklärt er schon im vierten Absatz seiner Lebenserinnerungen weder „für (heutzutage) möglich" noch gar für ‚wünschenswert'. Für Friedrich Wilhelm III. hat auch er sich einen Rest Verehrung bewahrt – dieser sei „ganz Patriarch" gewesen[64] –, doch über eine „Geheimrätin", die von diesem König spricht, „als habe sie den lieben Gott gesehn" (R 7; 332), macht er sich bloß noch lustig.[65] Erst recht der Aberglaube, dass ausgerechnet „der eiserne Zar" Nikolaus „immer recht" (gehabt) habe (R 1; 517/8[66]) – Idol und Orakel der preußischen Konservativen über Jahrzehnte –, ist keineswegs der seine gewesen.[67]

Fontane wollte gerade nicht, dass „königliche Macht ... alles", „Volkeswille" aber „nichts" sei, was auch in Preußen allzu lang der Fall gewesen war. Fontane zeigt sich überzeugt davon, „dass die preußische Welt seit König Friedrich Wilhelm I. beständig wachsende Fortschritte, nicht im ‚Männerstolz vor Königsthronen', sondern umgekehrt im Byzantinismus gemacht hat". Und er denkt dabei gerade auch an die Zeit Friedrich Wilhelms IV., jedenfalls in entscheidender *verfassungsrechtlicher* Hinsicht. Fontane spricht unzweideutig von einer „oktroyierte(n) Verfassung", deren Hauptaufgabe es gewesen

---

[63] Ebd., S. 329.

[64] Ebd., S. 12.

[65] „Es ist altmodisch, ganz Fr. W. des Dritten Zeit, sich mit einem Witz über unfreie Zustände zu trösten. Aufmucken ist anständiger", wie es Ende 1894 in einem Brief an Georg Friedlaender heißt. (S. 277)

[66] Vgl. auch Th. Fontane, Aus den Tagen der Okkupation, S. 380.

[67] Man lese nur sein Gedicht „Die zehn Gebote (Aus dem russischen Katechismus)", in: R. 6; 722–24. Eine vernichtendere Kritik des russischen Zarismus und seines „*rohen* Popentums" (E. Beutel, a.a.O., S. 51 Fn. 196) kann es kaum geben.

sei, „dem Königtum seine Macht und sein Ansehen (zu, R.F.) erhalten“.[68]

„Es ist immer misslich, wenn die Freiheitsdinge mit was Oktroyiertem anfangen“, wie Fontanes spitzer Schlusskommentar lautet. Und diese oktroyierte, der Krone alle Prärogative ängstlich wahrende Verfassung war eben zugleich eine ständische: „Wiederherstellung und Erweiterung des ‚Ständischen‘, darum drehte sich alles. In den Provinzialhauptstädten, in denen sich, bis in die neueste Zeit hinein, ein Rest ... ständischen Lebens tatsächlich – aber freilich nur schattenhaft – fortgesetzt hatte, sollten nach wie vor die Vertreter des Adels, der Geistlichkeit, der städtischen und ländlichen Körperschaften tagen, und bei bestimmten Gelegenheiten – das war eine Neuerung – hatten dann Erwählte dieser Provinziallandtage zu einem großen ‚Vereinigten Landtag‘ in der Landeshauptstadt zusammenzutreten. Eine solche Vereinigung sämtlicher Provinzialstände konnte, nach Meinung der maßgebenden, d. h. durch den Wunsch und Willen des Königs bestimmten Kreise, dem Volke bewilligt werden; in ihr sah man einerseits die Tradition gewahrt, andererseits – und das war die Hauptsache – dem Königtum seine Macht und sein Ansehen erhalten.“[69] Und mit dem seinen die des Adels, der noch in „Effi Briest“ auf die Aufrechterhaltung der „gesellschaftlichen“ Über- und Unter-„Ordnungen“ den allergrößten Wert legen wird (R 4; 154).

Auch der unvermeidliche Rex – nomen est omen – kommentiert des sozialliberalen Pastors Lorenzen Statement: „Die aristokratische Welt hat abgewirtschaftet, und nun kommt die demokratische“ wie folgt: „Sonderbare Worte ... für einen Mann, der doch die *durch Gott* gegebenen Ordnungen kennen sollte.“ Dass Domina Adelheid zusätzlich „das reine Blut“ des märkischen Adels aufruft – „die reine Lehre“ innerhalb „unserer Bevölkerung“ genügt ihr nicht –, verschärft den „aristokrati-

---

68 Th. Fontane, Von Zwanzig bis Dreißig, S. 347, 265/6 und 354.
69 Ebd., S. 354 und 329.

schen“ Diskurs (R 5; 53, 161 und 53), der schließlich darin terminiert, „dass Herrendienst *vor* Gottesdienst gehe“. Es handle sich dabei um „Preußen-Moral! Aber wir *sind* ja Preußen“, wie des zitierten Generalstabs-Obersts a.D. St. Arnaud Gesprächspartner Gordon „in gleichem (Casino-)Tone“ affirmiert. (R 2; 176 und 149)

Friedrich Wilhelm IV. war solcher Zynismus recht fremd, doch auch er ist, trotz aller Frömmigkeit oder gerade ihretwegen, ein überzeugter Preuße gewesen. Prinzipiell nicht anders als die hochopportunistische Cesarine von Storch, suchte er „das Heil da ..., wo es allein zu finden ist, in Gehorsam und Demut und Fügung in die Fügungen Gottes. *Ich will die Herrschaft von Thron und Kirche und Klassen-Gliederung an stelle dieses modischen Unsinns von der Egalité.*“ (R 1; 404) Dieser Satz Cesarines könnte ganz und gar des Königs Mund entsprungen sein. Fontane hat daran keinen Zweifel gelassen, indem er festhält, der ‚Romantiker auf dem Königsthron‘[70] habe selbst und uneingeschränkt in den ständestaatlichen Vorstellungen der Gerlachs gelebt.

Fontane kritisiert sie wie folgt: „... hätte die ganze Szene hundertunddreißig Jahre früher gespielt – wobei man freilich von der unbequemen Gestalt Friedrich Wilhelms I. abzusehen hat, der wohl nicht dafür zu haben gewesen wäre –, so hätte sich gegen ein ... (landtägliches, R.F.) Zusammenziehen der ‚Stände‘, die zu jener Zeit, wenn auch angekränkelt und eingeengt, doch immerhin noch bei Leben waren, nicht viel sagen lassen. Es gab noch kein preußisches Volk. Unsere ostelbischen Provinzen, aus denen im wesentlichen das ganze Land bestand, waren Ackerbauprovinzen, und was in ihnen, neben Adel, Heer und Beamtenschaft, noch so umherkroch, etwa 4 Millionen Seelen

---

[70] Ich appliziere D.F. Strauß, Der Romantiker auf dem Thron der Cäsaren oder Julian der Abtrünnige, Mannheim 1847, eine verschlüsselte Schrift gegen Friedrich Wilhelm IV., der der Romantiker auf dem *Königs*thron und Julianus redivivus, sprich „christianus“ *ist*, eben auf diesen.

ohne Seele, das zählte nicht mit. Aber von diesem absolutistisch patriarchalischen Zustand der Dinge zu Beginn des vorigen Jahrhunderts war beim Regierungsantritt Friedrich Wilhelms IV. nichts mehr vorhanden."[71]

„Alles hatte sich von Grund aus geändert", wie Fontane fortfährt. „Aus den 4 Millionen waren 24 Millionen geworden und diese 24 Millionen waren keine misera plebs mehr, sondern freie Menschen – wenigsten innerlich –, an denen die die Welt umgestaltenden Ideen der Französischen Revolution nicht spurlos vorübergegangen waren. Der ungeheure Fehler des so klugen und auf seine Art so aufrichtig freisinnigen Königs bestand darin, dass er diesen Wandel der Zeiten nicht begriff und, einer vorgefaßten Meinung zuliebe, nur *sein* Ideal, aber nicht die Ideale seines Volkes verwirklichen wollte."[72]

[71] Th. Fontane, Von Zwanzig bis Dreißig, S. 329/30.
[72] Ebd., S. 330.

6. Von Christlich-Sozial-Konservativem zu (Christlich-)Humanistisch-Sozialliberalem

In memoriam Harry Graf Kessler

Der inzwischen „verdemokratisierte“ Fontane[73], der sonst nicht für Demonstrationen und Proteste gewesen ist, unterzeichnet Ende Februar 1895 nicht nur die Petition des Vereins „Berliner Presse“ gegen die sogenannte „Umsturzvorlage“, die er trotz andauernden Taktierens für „eine *Ungeheuerlichkeit* und eine Blamage vor Europa, fast vor *China*“ hält[74], sondern vertritt in seinem letzten Lebensjahrzehnt insgesamt einen relativen *Links*kurs[75]. Persönliche Liberalität in der Art seines späten Stechlin, voll Humor und Ironie, hat ihm immer schon für unabdingbar gegolten, doch jetzt genügt sie ihm keinesfalls mehr. Politisch führt solcher Habitus nämlich – wenn er nicht sowieso bloß „Vornehmheit“ ist, „die sich den Liberalismus glaubt gönnen zu können“ – zu nicht mehr als einem „Fortiter in re, suaviter in modo“. Das ist, wie bekannt, eine durchaus respektable Haltung für Fontane, und nicht nur in Ansehung der „Ultras“ unter Stechlins konservativen „Parteigenossen“, die „von ‚suaviter‘, wenn auch nur ‚in modo‘, ... nichts wissen“ wollen. (R 5; 117, 261, 207 und 175[76]) Wie seinen Lorenzen, dessen „demokratische Weltanschauung“ Stechlin stets unheim-

---

[73] Th. Fontane, Briefe an Georg Friedlaender, S. 302.

[74] Vgl. G. Erler, Das Herz bleibt immer jung. Emilie Fontane. Biographie, Berlin 2002, S. 343; einschränkend Erler gegenüber: M. Fleischer, „Kommen Sie, Cohn.“ Fontane und die „Judenfrage“, Berlin 1998, S. 286/7.

[75] Vgl. Th. Fontane, Von Zwanzig bis Dreißig, S. 357.

[76] Im Unterschied zu Stechlin sind sie durchaus „stramm“ (R 5; 39), nicht anders als Ermyntrud in religionibus (vgl. N. Mecklenburg, a.a.O., S. 291).

lich bleibt, verlangt es Fontane jetzt aber nach einer „neuen Zeit ..., in der wir (*insgesamt*, R.F.) besser atmen können"; denn: „... je freier man atmet, je mehr lebt man." (R 5; 274)

Wie sehr solches Statement gesellschaftlich und politisch: prinzipiell „demokratisch" zu verstehen ist, verdeutlichen folgende Sätze Lorenzens: „Der Hauptgegensatz alles Modernen gegen das Alte besteht darin, dass die Menschen nicht mehr durch ihre Geburt auf den von ihnen einzunehmenden Platz gestellt werden. Sie haben jetzt die Freiheit, ihre Fähigkeiten nach allen Seiten hin und auf jedem Gebiete zu betätigen." (R 5; 271)

Halten wir zunächst fest, dass Fontane jetzt auch persönlich Modernist ist; wenn ihn eine Art ‚Heiliger Zorn' packt, noch über der konzilianten Melusine ausgewogene Maxime hinaus: „Alles Alte, soweit es Anspruch darauf hat, sollen wir lieben, aber für das Neue sollen wir recht eigentlich leben." (R 5; 270) Fontane selbst schreibt am 6.5.1895 (an Friedlaender selbstverständlich): „Es ist *ganz* vorbei mit dem Alten, auf *jedem* Gebiet". Und: „Mein Haß gegen alles, was die neue Zeit aufhält, ist in einem beständigen Wachsen und die Möglichkeit, ja die Wahrscheinlichkeit, dass dem Sieg des Neuen eine furchtbare Schlacht voraufgehen muss, kann mich nicht abhalten, diesen Sieg des Neuen zu wünschen" – das vor allem „volle Freiheit" heißt. – „Eh wir nicht volle Freiheit haben, haben wir nicht volle Kunst; ob einige Zoten und Frechheiten mit drunterlaufen, ist ganz gleichgültig, *die* leben keine 3 Tage. Die Regierenden glauben hier, auf jedem Gebiet, das todte Zeug einpökeln zu können. Eine mir bei der Gescheidtheit unsrer Gesellschafts-Oberschicht ganz unverständliche Dummheit."[77]

Pointe der Pointe ist, dass es Fontane nicht nur um volle Freiheit für die Kunst ging, so sehr ihn Wilhelms II. persönlich-tyrannisches Kunst-Regiment auch echauffierte. „Toll" im Sinne von ‚irrsinnig' fand er, dass die Preußen-Deutschen gene-

---

[77] Th. Fontane, Briefe an Georg Friedlaender, S. 284.

rell immer mehr „verassessort und verreserveleutnantet“ würden: das, was er auch unter „bornirte(r) Kirchlichkeit“ und „gräuliche(m) Byzantinismus“ rubrizieren konnte. Das dynastische Prinzip selbst vermochte ihm jetzt als blanker „Unsinn“ zu erscheinen: „Wenn einer im Leben steht und spielt den Berserker, weil's mit seinem Fürstenthum und ähnlichem Unsinn auf die Neige geht, so finde ich mich darin zurecht, wenn aber einer im Sterben liegt und immer noch an diesen Krimskrams glaubt und sich einbildet, nun gehe die Welt unter, so habe ich bloß ein Achselzucken.“[78]

Fontane urteilt so speziell über einen ihm recht gut bekannten Prinzen Reuß, doch auch des Königs und Kaisers Wilhelm II. „modernster Absolutismus“ kommt gar nicht gut weg: „Was mir an dem Kaiser gefällt ist der totale Bruch mit dem Alten und was mir an dem Kaiser *nicht* gefällt, ist das im Widerspruch dazu stehende Wiederherstellenwollen des Uralten ... Er glaubt das Neue mit ganz Altem besorgen zu können, er will Modernes aufrichten mit Rumpelkammerwaffen; ... durch Grenadierblechmützen, Medaillen, Fahnenbänder und armen Landadel, der seinem ‚Markgrafen durch Dick und Dünn folgt‘, wird er es aber *nicht* erreichen. Nur Volkshingebung kann die Wunderthaten thun, auf die er aus ist; aber um diese Hingebung lebendig zu machen, dazu müsste er die Wurst gerade vom entgegengesetzten Ende anschneiden. Preußen – und mittelbar ganz Deutschland – krankt an unsren Ost-Elbiern. Über unsren Adel muss hinweggegangen werden; man kann ihn besuchen wie das ägyptische Museum und sich vor Ramses und Amenophis verneigen, aber das Land *ihm* zu Liebe regieren, in dem Wahn: *dieser Adel sei das Land,* – das ist unser Unglück ... Worin unser Kaiser die *Säule* sieht, das sind nur *thönerne Füsse.* Wir brauchen einen ganz andren Unterbau. Vor diesem erschrickt man; aber wer nicht wagt, nicht gewinnt. Dass Staaten an einer kühnen Umformung, die die Zeit for-

---

[78] Ebd., S. 295, 305 und 294.

derte, zu Grunde gegangen wären, – dieser Fall ist sehr selten. Ich wüsste keinen zu nennen. Aber das Umgekehrte zeigt sich hundertfältig."[79]

Man könnte diese Ausführungen prophetisch, ja apokalyptisch nennen, mir genügt, Fontane als ‚kritischen Analysanten des „rectionary modernism" avant la lettre' zu bezeichnen.[80] Diesem entgegen setzte er auf integrale Modernisierung, und nicht zuletzt in politicis. Hierbei waren ihm Freiheit und Gleichheit ebenbürtige Prinzipien, auch aus jener Kritik heraus, die er den gebürtigen Preußen, jetzt aber US-amerikanischen Republikaner Obadja an der preußischen Mentalität üben lässt, auf literaturpolitologische Weise, wenn man will: „Über allen deutschen und namentlich über allen preußischen Büchern, auch wenn sie sich von aller Politik fernhalten, weht ein königlich preußischer Geist, eine königlich preußische privilegierte Luft; etwas Mittelalterliches spukt auch in den besten und freiesten noch, und von der Gleichheit der Menschen oder auch nur von der Erziehung des Menschen zum Freiheitsideal statt zum Untertan und Soldaten ist wenig die Rede." (R 1; 387/8)

Fontane sprach in seinen Lebenserinnerungen sarkastisch die „sogenannten Segnungen" des preußischen „Dreiklassen-(wahl)systems" an[81], protestierte öffentlich, wie schon erwähnt, gegen die Umsturzvorlage und sah sich generell „einem veredelten Bebel- und Stöckertum" zuneigen, wofür belletristisch sein Lorenzen die wichtigste Projektionsfigur abgab: jemand, der auch keine Berührungsangst gegenüber der Sozialdemokratie empfand und zur tatsächlich existierenden „Richtung Göhre (und Naumann)" gehörte, also zu den „Jungen" unter den „Christlich-Sozialen", die sich zusammen mit dem „Evangelisch-Sozialen Kongreß" (dessen Generalsekretär Göhre war)

---

79 Ebd., S. 162 und 309/10.

80 Ich beziehe mich mit „reactionary modernism" auf: J. Herf, Reactionary Modernism. Technology, Culture and Politics in Weimar and the Third Reich, Cambridge 1984.

81 Th. Fontane, Von Zwanzig bis Dreißig, S. 354.

vom reaktionären Hofprediger Adolf Stöcker getrennt hatten (R 5; 423, 69, 376 und 439) und später dann – in der Weimarer Republik – den sozialen Flügel des Linksliberalismus ausmachten.[82]

Fontane hat sich zu Lorenzen unzweideutig notiert: „Er ist ein *Christlich-Sozialer* von der freieren, ja beinah freisten Richtung und die Gespräche, die er führt, mit Woldemar, Melusine, dem alten Stechlin, ... drehen sich alle um das Programm der ‚Jungen'", das Fontane sogar von „christlichem *Sozialismus*" sprechen lässt. (R 5; 435/6 und 449) So „neu" sei dessen und der Seinen „Christentum"; man sollte sich wohl u.a. des Grafen von Saint-Simon erinnern[83] (den Fontane zumindest durch sein Studium Lorenz von Steins kannte). Rex polemisierte jedenfalls nicht zu unrecht: „Es läuft alles darauf hinaus", dass die „von der neuesten Schule", die „die allerschlimmsten" sind, „mit uns (Adligen, R.F.) aufräumen wollen, und mit dem alten Christentum auch. Sie haben ein neues, und das überlieferte behandeln sie despektierlich." (R 5; 47)

Lorenzen widerspricht dem zwar: „dies neue Christentum" sei „gerade das alte", sprich ‚uralte'; indem aber nicht nur Friedrich Naumann (um Stöcker zu zitieren) „an Stelle des paulinischen Christentums ... den sozialen Jesus setzt(e)", entstand tatsächlich gegenüber dem offiziösen bis offiziellen ein anderes,

---

82 Vgl. u.a. U. Krey, Von der Religion zur Politik. Der Naumann-Kreis zwischen Protestantismus und Liberalismus, in: O. Blaschke u.a. (Hg.), Religion im Kaiserreich. Milieus – Mentalitäten – Krisen, Gütersloh 1996, S. 350–81 und M. Grunewald, „Praktisches Christentum" – „Praktische Politik". Christentum und Politik in Friedrich Naumanns Zeitschrift „Die Hilfe" (1895–1903), in: ders. u.a., Das evangelische Intellektuellenmilieu in Deutschland, seine Presse und seine Netzwerke (1871–1963), Bern u.a. 2008, S. 135–60, sowie M. Llanque, Friedrich Naumann und das Problem des nationalen Sozialliberalismus, in: R. Faber (Hg.), Liberalismus in Geschichte und Gegenwart, Würzburg 2000, S. 131–49. Außerdem verweise ich an dieser Stelle auf meinen Exkurs I.

83 Vgl. u.a. H.-L. Krämer, Die fraternitäre Gesellschaft. Aspekte der Gesellschafts- und Staatstheorie von Claude-Henri de Saint-Simon. Diss. , Saarbrücken 1969.

von diesem abweichendes, ja es *konterkarierendes* Christentum. In ihm wurde die Dogmatik so stark zurückgefahren wie die Bergpredigt aufgewertet (R 5; 369, 439 und 449): „All den großen Sätzen in der Bergpredigt haftet zwar etwas Philiströses an, aber wenn ihre Weisheit richtig geübt wird, d.h. nicht in Feigheit, sondern in stillem Mut, so sind sie doch das einzig Wahre, und die ganze Größe des Christentums steckt in den paar Aussprüchen."[84]

Das ist natürlich nicht der auf seine Weise fromme Lorenzen gewesen, den ich zitiert habe, doch Fontane *persönlich*, und in einem Brief an sein Lieblingskind Mete. Vor allem aber kommt das Zitierte überein mit der Lorenzens „Santo" zugesprochenen „tätigen Nächstenliebe", dem jenem selbst eigenen „Dasein für andere". (R 5; 415, 175 und 158[85]) – Lorenzens „Santo" ist der nicht zuletzt an Tolstoi erinnernde portugiesische Pädagoge Joao de Deus[86], um den und Lorenzen selbst sich im „Stechlin" ein „geheimer Bund" geschlossen hat, unter Betei-

---

84 Th. Fontane, Meine liebe Mete, S. 475.

85 „Dasein für andere" ist wortwörtlich eine Formulierung Dietrich Bonhoeffers (vgl. ders., Widerstand und Ergebung. Briefe und Aufzeichnungen aus der Haft, München und Hamburg 1966, S. 191–3), doch Formulierungen über den „Santo" wie, dieser habe „für die Armen gelebt ... und *nicht für sich*" oder über Lorenzen selbst, der sich „nur mit andern" beschäftige (R 5; 158 und 175), kommen Bonhoeffer bereits sehr nahe. „Güte" schließlich definiert Fontane als die, „die, wenn nicht das Ich zu vergessen, so doch wenigstens das andre Ich zu *sehn* und zu respektieren weiß." (Meine liebe Mete, S. 269) – Pointe der Pointe: Am 3.8.1943 schreibt Bonhoeffer seinen Eltern aus dem Gefängnis Tegel: „Würdet Ihr mir bitte etwas Fontane schicken: ‚Frau Jenny Treibel', ‚Irrungen, Wirrungen', ‚Stechlin'? ... *Man lernt aus diesen Sachen oft mehr über die Ethik als aus Lehrbüchern.*" (A.a.O., S. 45) Vielleicht hat *Bonhoeffer* ja seine Formel „Dasein für andere" von Fontane, und ich habe nur einen Kreisschluß vorgenommen.

86 Vgl. M.M Gouveia Delille, Das Joao-de Deus-Motiv in Theodor Fontanes Roman „Der Stechlin", in: Fontane-Blätter 30/1979, S. 497–509. – Spätestens nach der Lektüre dieses Aufsatzes versteht man unmöglich mehr Hans Blumenbergs Verdikt über Lorenzens „kulturprotestantische Blässe" (Vor allem Fontane. Glossen zu einem Klassiker, Frankfurt/M. und Leipzig 2002, S. 10). An diesem Verdikt stimmt so gut wie nichts!

ligung der ihrer „ganzen Natur nach ... ungläubigen“ Melusine (= Fontane?). (R 5; 157/8 und 269)

Fontane selbst hat den in Portugal sehr populären, in Deutschland aber nahezu unbekannten Pädagogen und *Dichter* de Deus so nach- wie ausdrücklich verehrt: Alles was Pastor Lorenzen von seinem Geiste in die Gedankenwelt des Romans einbringt – und Lorenzen steht, wie Walter Müller-Seidel formuliert, in der „Hierarchie des Personals ... oben an“, er ist „der geistig Überlegene dieser Lebenskreise schlechthin“ –, ist Geist vom Geiste des Portugiesen, den der protestantische Geistliche als sein Vorbild betrachtet: „Dieser Joao de Deus war genau das, was ich (= Lorenzen) wohl sein möchte, wonach ich suche, seit ich zu leben, *wirklich* zu leben angefangen, und wovon es beständig draußen in der Welt heißt, es gäbe dergleichen nicht mehr. Aber es gibt dergleichen noch, es muss dergleichen geben oder doch *wieder* geben.“ (R 5; 415)

7. Differenzierungen im Katholizismus, unter klarer Favorisierung der ihm partiell zugesprochenen Ästhetik, Barmherzigkeit, Heiterkeit, Kultiviertheit, Weltkindschaft und Wohltätigkeit

Für Gotthold Hasenhüttl

‚Konfessionskundlich' ist Pointe aller Pointen, dass es sich bei de Deus um einen *katholischen* (Volks-)Heiligen handelt *und* daran von keiner seiner protestantischen VerehrerInnen auch nur einen Augenblick Anstoß genommen wird. Woldemars Entscheidung, Armgard zu heiraten, fällt sogar in dem Augenblick, in dem diese sich, ganz im Geiste de Deus', zur mittelalterlichen Heiligen und Wohltäterin der Armen Elisabeth von Thüringen als ihrem Vorbild bekennt. Schließlich feiert Lorenzens Grabpredigt auch Woldemars Vater Dubslav als einen Christen in des „Santo" Sinn, und gerade deshalb, weil der alte Stechlin von „seinem Bekenntnis ... weniger das Wort als das Tun" gehabt habe:

> „Er hielt es mit den guten Werken und war recht eigentlich das, was wir überhaupt einen Christen nennen sollten. Denn er hatte die Liebe. Nichts Menschliches war ihm fremd, weil er sich selbst als Mensch empfand und sich eigner menschlicher Schwäche jederzeit bewusst war. Alles, was einst unser Herr und Heiland gepredigt und gerühmt, und an das er die Segensverheißung geknüpft hat, – all das war sein: Friedfertigkeit, Barmherzigkeit und die Lauterkeit des Herzens." (R 5; 377/8)

Lorenzen beschwor Bergpredigt und (Nächsten-)Liebe, doch Konfession und *Glaube* blieben, unter Herausstreichung der so sehr des Katholizismus verdächtigen „guten Werke" (R 1; 526), abgeschattet. Nun, um zu generalisieren: Fontane selbst war ein partieller Philokatholik. Nicht ganz zu unrecht hatte man beispielsweise „in dem lutherischen Flenderschen Hause ... immer den Verdacht ..., ich katholisiere zuviel oder hätte einen Hang, dem Katholizismus mehr Konzessionen zu machen, als zulässig sei“[87]. Andererseits schrieb er Friedlaender noch 1894, dass er einem (heute vergessenen) Autor, der „all diesen katholischen Legendenkram als etwas Heraufgepufftes, ja mehr oder weniger als Mumpitz“ dargestellt habe, „nur dankbar“ die „Hand drücken“ könne, „wenn die historische Treue durch diese Tendenz auch stark gelitten hat“.[88]

Ab und zu war Fontanes prinzipieller *Anti*katholizismus[89] immer noch bereit, dies in Kauf zu nehmen. In früheren Jahren war er sogar fähig gewesen, wie er 1898 rückblickend berichtet, „stark antipapistische und namentlich antijesuitische Gedichte“ seines Freundes Lepel z.B. „ganz ehrlich“ zu bewundern. „Zur Stunde“ denke er jedoch „nicht mehr so hoch“ davon. Nicht erst am Ende seines Lebens, spätestens unterm Eindruck des von ihm für verderblich angesehenen Kulturkampfes gegen die katholische Kirche[90], war Fontane „durchaus“ gegen „antijesuitische Gesinnungstüchtigkeit“ in der Art Lepels, der ihm inzwischen zu sehr *eifernder* Freimaurer war (freilich zugleich, wie Theodor Mommsen und im Unterschied zu ihm selbst, Juden*freund*). Auch für Lepel galt jetzt, was Fontane im Blick auf den prinzipiell immer noch geschätzten Georg Herwegh festgehalten hat: „‚Noch einen Fluch schlepp’ ich herbei‘ – diese das berühmte Gedicht ‚Gegen Rom‘ einleitende Zeile mahnt mich

---

87 Th. Fontane, Von Zwanzig bis Dreißig, S. 418.

88 Th. Fontane, Briefe an Georg Friedlaender, S. 265.

89 Ich verweise nochmals auf meine Fn. 45.

90 Vgl. G. Loster-Schneider, Der Erzähler Fontane. Seine politischen Positionen in den Jahren 1864–1898 und ihre ästhetische Vermittlung, Tübingen 1986, S. 215–28, sowie P. Sprengel, „Nach Canossa gehen wir nicht!“ Kulturkampfmotive in Fontanes *Cécile*, in: H. Delf von Wolzogen (Hg.), a.a.O., S. 61–71.

immer an *den,* der übereifrig Scheite zum Hus-Scheiterhaufen herbeitrug".[91]

Selbstverständlich lehnte Fontane lutherischen Antikatholizismus in Art der Domina Stechlin mindestens ebenso ab wie den pseudoliberalen der auf ihre Weise zu „Scheiterhaufenmännern" gewordenen Herwegh und Lepel. Jemand wie Adelheid mit ‚fidel' vorgetragenen „Ketzereien" zu kommen, wie Fontane es gegenüber der „scharfen Katholikin", zugleich aber weltkindlich-freien Elsy von Wangenheim sehr wohl konnte[92], war schlechterdings unmöglich. Er lässt es seinen Czako nachdrücklich erfahren:

Dieser, durchaus antipäpstlich eingestellt, doch wie Fontane auch gegenüber *protestantischen* PäpstInnen, kam nach einer Attacke Adelheids auf des römischen „Obergotts" Unfehlbarkeit „auf die verwegene Idee, für Papst und Papsttum eine Lanze brechen zu wollen, entschlug sich dieses Vorhabens aber, als er wahrnahm, dass die alte Dame ihr Dominagesicht aufsetzte". (R 5; 83) Aug' in Aug' mit ihm war es nichts mit fidel vorgetragenen Ketzereien oder auch nur mit der Anwendung des Fontane so teueren Grundsatzes, „man müsse bei allem auch die Gegenseite hören".[93]

Ein Mal vertrat er ihn ausdrücklich interkonfessionell: als jemand „bei Luther wissen" wollte, „was die Katholiken über ihn dächten"; „das sei (nur, R.F.) recht"[94] und billig. Die lutherische Päpstin Adelheid, der „ein fester Protestant, selbst wenn er schroff auftritt, ... jedesmal eine Herzstärkung" ist, praktiziert eine sich geradezu überschlagende Parteiigkeit, wenn sie z.B. ernsthaft die Meinung vertritt: „, ... der Unglaube wächst,

---

[91] Th. Fontane, Von Zwanzig bis Dreißig, S. 277/8, 294/5 und 98. – Dabei ist Fontane selbst Parteigänger Hus' (geblieben) und hat einmal auch selbst ein scharf antijesuitisches Gedicht geschrieben. (Vgl. R 6; 651–55 und 724–26 sowie E. Beutel, a.a.O., S. 58–60.)

[92] Th. Fontane, Von Zwanzig bis Dreißig, S. 423.

[93] Vgl. W. Rasch und C. Hehle (Hg.), „Erschrecken Sie nicht, ich bin es selbst." Erinnerungen an Theodor Fontane, Berlin 2003, S. 262.

[94] Ebd.

und das Katholische wächst auch. Und das Katholische, das ist das Schlimmere. Götzendienst ist schlimmer als Unglaube.' – ,Gehst Du darin nicht zu weit, liebe Tante?' – ,Nein, Woldemar. Sieh, der Unglaube, der ein Nichts ist, kann den lieben Gott nicht beleidigen; aber Götzendienst beleidigt ihn. Du sollst keine andern Götter haben neben mir. Da steht es. Und nun gar der Papst in Rom, der ein Obergott sein will und unfehlbar.'" (R 5; 83)

Preußische LutheranerInnen in Art der „Tante Sanctissima" (R 5; 49) erkennen überdeutlich den hierokratischen ,Splitter' im Auge des papistischen Feindes, aber nicht einmal ansatzweise den cäsaropapistischen ,Balken' im eigenen staatskirchlichen. Fontane beschreibt schon in den „Wanderungen" die Altar-Predelle von Groß-Glinicke, „die, wie so oft, ein Abendmahl darstellt", (selbst-)*kritisch*: „Christus in der Mitte, Johannes neben ihm; neben diesem aber, statt des Petrus, der *Große Kurfürst.* Er trägt Allongenperücke, dunkles, enganschließendes Samtkleid, Spitzenmanschetten und Feldbinde. Die wunderlichste Art von Huldigung, die mir der Art vorgekommen ist. Was wollen die anbetenden Donatoren auf den Madonnenbildern des Mittelalters daneben sagen! Sie knien doch immer zu Füssen der Madonna, oder verdrängen wenigstens niemand; *hier* aber wird Petrus, wie eine Schildwacht, einfach abgelöst, und der Große Kurfürst zieht statt seiner auf" (W 2; 207): der reformatorische Summepiscopus anstelle des (in katholischen Augen) ersten Papstes ...[95]

---

[95] Das Internet-Portal der Gemeinde Groß-Glinicke hält inzwischen (unter dem Stichwort „Altar") fest: „Die Predella zeigt eine Abendmahlsszene. Christus sitzt in der Mitte seiner Jüngerschar, links neben ihm Johannes, der an seiner Brust ruht. Daneben nimmt der Stifter Hans Georg III von Ribbeck den angestammten Platz von Petrus ein. Mit einer Allongeperücke, einem dunklen, eng anschließenden Samtkleid, Spitzenmanschetten und einer Feldbinde bekleidet, schaut er den Betrachter frontal an. Bei der jüngsten Restaurierung ist die Signatur freigelegt worden: Ein gewisser F. Lutherus hat dieses Bild 1683 gemalt." – Fontane scheint sich getäuscht zu haben: Es handelt sich nicht um den Landesfürsten und damit Summepiscopus persönlich,

Bereits das saß, und so u.a. hat Fontane den „Canossa"-Diskurs der Kulturkampfzeit der Lächerlichkeit preisgegeben, einen typisch „preußischen Schulmeister" (der ‚bekanntlich' die ‚Einigungs'-Kriege entschieden haben soll) sich zum paradigmatischen Sprachrohr erwählend, unter Kultusminister Falk jetzt höherer Ministerialbeamter (Rex ist diesem Schulze gegenüber ein Waisenknabe): „... als die (Bismarck-)Säule auf dem Berge bei Harzburg errichtet wurde mit der Inschrift Nach Canossa gehen wir nicht und nicht bloß die Jesuiten sondern auch andre Orden ausgewiesen wurden sprach (dies)er es aus, dass das Tage seien, wie sie Preußen seit 1813 in gleichem Glanze nicht wieder gesehen habe. Die ghibellinische, die protestantische, die preußische Idee, diese Dreiheit, die doch wieder nur eine Einheit, hatte sich zu vollem Siege durchgearbeitet ...; er hatte dazu mitgewirkt, er hatte nicht umsonst gelebt." (R 7; 507)

Kein Zweifel, „ein von *Borniertheit* eingegebener Antikatholizismus" ist Fontane „immer etwas ganz besonders Schreckliches" gewesen.[96] Schauen wir näher auf seinen nur partiellen, jedoch gleichfalls zweifelsfreien *Philo*katholizismus. Ihn auf Snobismus zu reduzieren oder gar mit diesem zu verwechseln, wäre absolut falsch, unbeschadet des Statements aus der Vor-Kulturkampfzeit und über sie: „dass der Katholizismus, all seiner vielleicht berechtigten Klagen und Anklagen unerachtet, eine nach mehr als einer Seite hin bevorzugte Stellung unter uns einnimmt, und zwar am entschiedensten in *dem* Gesellschafts-

---

doch weiterhin um einen Patronatsherrn, und zwar einen Herrn von Ribbeck (wenn auch nicht den aus Fontanes wohl bekanntestem Gedicht). Außerdem sollte der Name des Künstlers – Zufall hin oder her – in Erinnerung behalten werden: F. Lutherus ...

[96] Vgl. Th. Fontane, Von Zwanzig bis Dreißig, S. 392. – Apropos Bismarcksäule, in „Effi Briest" stellt ein Herr von Güldenstein Bismarck dem „Felsen Petri" ausdrücklich als „Rocher de bronze" gegenüber. (R 4; 117) Dieser sei, wie in „Cécile" nachzulesen ist, ein veritabler „Dalai-Lama": „Wir haben einen Dalai-Lama, dessen Schöpfungen – um nicht zu sagen: Hervorbringungen – wir mit einer Art Inbrunst anbeten. Rund heraus, wir schwelgen in einem unausgesetzten Götzen- und Opferdienst." (R 2; 269)

bruchteile, der sich die ‚Gesellschaft' nennt. Es geht dies so weit", wie Fontane in seinem Porträt der „Gräfin Emilie v. Schlabrendorf geb. v. Ryssel" expliziert, „dass Leute, die sonst nichts bedeuten, einfach dadurch ein gewisses Ansehen gewinnen, dass sie Katholiken sind. Wie gering ihre sonstige Stellung sein mag, sie werden einer Art Religionsaristokratie zugerechnet, einer Genossenschaft, die Vorrechte hat und von der es nicht bloß feststeht, dass sie gewisse Dinge besser kennt und weiß als wir, sondern der es, infolge dieses Besserwissens, auch zukommt, in eben diesen Dingen den Ton anzugeben. Also zu herrschen." (W 2; 807)

Fontane veranschaulicht dies eben an der Gräfin Emilie von Schlabrendorf: Sie sei „erst recht eigentlich was sie war" geworden, „aus der weit über die bloße Tatsächlichkeit ihres Katholizismus hinausgehenden schönen und klugen *Betätigung* desselben. Sie war eine strenge Katholikin für *sich*, in der Berührung mit der Außenwelt jedoch, in Sondernheit mit der ihr in gewissem Sinne wenigstens unterstellten Gemeinde betonte sie stets nur *das*, was beiden Konfessionen das Gemeinschaftliche war, und übte die hohe Kunst einer Religionsäußerung, die der eignen Überzeugung nichts vergab und die der andern nicht kränkte. Sie hatte dies am *sächsischen* Hofe gelernt und zeigte sich beflissen, dieses Vorbild schöner Toleranz in allen Stücken nachzuahmen. Es geschah dies in einer ganzen Reihe von Guttaten und kleinen Stiftungen, am erkennbarsten in dem einem Neubau gleichkommenden Umbau der Lutherischen Groebener Kirche". (W 2; 807/8)

Aus dieser Würdigung spricht hoher menschlicher Respekt, und nicht nur der Wohltätigkeit der Gräfin im auch handfesten Sinn wegen. Über den von Communarden erschossenen Pariser Erzbischof lässt Fontane den anarchistischen Kopf des Hinrichtungskommandos sagen, und bestimmt nicht weil es ausgerechnet für diesen „in der ganzen Welt" nichts „Vornehmeres" als einen Bischof gäbe: „Er ist gestorben wie ein Held, wie nur die von der Kirche zu sterben verstehen." (R 1; 464 und

356) Die „von der Kirche" generell – obwohl oder gerade weil sie in der Regel „heiterer" als Protestanten sind (R 7; 288):

„... eine frische, freudige, gesunde Nonne ist etwas Herzerquickendes", wie Fontane seinem Liebling Mete anvertraut.[97] Schließlich finden sich in seinem Werk katholische Underdogs wie Effis aus dem Eichsfeld stammende Roswitha: „ein klein bisschen dumm", aber „unendlich gutmütig" (R 4; 107 und 206). Peter von Matt hat mit seiner Beobachtung Recht, dass „bei Fontane die rettende Weisheit auffällig oft bei den Mägden geholt wird"[98], nur vergisst er zu erwähnen, dass die nicht selten und mit Fleiß als Katholikinnen ausgewiesen sind. – Sie sind, wie die von Haus aus sächsische Gräfin Emilie von Schlabrendorf oder Roswitha, die aus dem ehemals Kurmainzischen stammt, *Süd*deutsche, die Melusines Überzeugung nach „überhaupt viel netter" sind, „als wir, und die nettesten, weil die natürlichsten, sind die Bayern." (R 5; 310)

Noch dieser nicht unstereotype Zusatz ist aus Fontanes eigenem Herzen gesprochen: „Die Nettesten, unter allen Stämmen, sind die Schlesier und die Baiern", wie er Friedlaender schreibt.[99] Und über München speziell heißt es, wieder in einem Brief an die andere Vertraute, Mete: „Deine Vorliebe für München teile ich ganz; es ist so frei und luftig ... Und nun gar im Sommer! Reizend ist immer die Zeit der Wachparade ... Man muss dann unter den Arkaden sitzen, Eis essen und zuhören."[100]

---

[97] Th. Fontane, Meine liebe Mete, S. 388.

[98] P. von Matt, Verkommene Söhne, missratene Töchter. Familiendesaster in der Literatur, München 1995, S. 119.

[99] Th. Fontane, Briefe an Georg Friedlaender, S. 278. – „... die Schlesier haben keine Junker", wie es schon in den „Poggenpuhls" heißt. (R 4; 565) Und so in „Cécile" über schlesisch-*katholischen* Adel: „Vornehmheit und Herzensgüte sind nicht alles, aber sie sind *viel.*" (R 2; 316) Pointe der Pointe – wo Domina Stechlin Recht hat, hat sie Recht: „Die schlesischen Herrschaften, die sich mitunter auch Magnaten nennen, sind alle so gut wie *polnisch*" (R 5; 161), und die Pol*innen* von „einem eigentümlichen Charme" (Th. Fontane, Jenseits von Havel und Spree. Reisebriefe, Berlin 1984, S. 210).

[100] Th. Fontane, Meine liebe Mete, S. 290.

Fontane feiert, wie später Else Lasker-Schüler[101], Deutschlands „Südstadt" als solche, „wo freundliche Gottheiten wohnen, und die Menschlichkeit zu ihrem Rechte kommt", um auch das von Fontane geschätzte enfant terrible Oskar Panizza nicht unzitiert zu lassen, einen seiner offenen Briefe an Schwabings Gräfin zu Reventlow[102], doch Landschaft, größere „Manierlichkeit" und „alte Kultur", die *„kein* leerer Wahn" sind[103]: selbst höhere bis höchste Ästhetik können bei Fontane nie die auch andere, eben katholische Mehrheitsreligion Süddeutschlands vergessen machen – noch mitten in Preußen und Berlin.

Das Kulturelle ist mit dem Religiösen unlöslich verbunden, weswegen dieses auf jenes auch nicht reduziert werden kann, unbeschadet eines Statements wie des folgenden: „Die katholische (= vorreformatorische) Zeit hat solche Geschmacklosigkeiten" wie das auf das lutherische Barock zurückgehende Altargemälde in Werder a. d. H., „Christus als Apotheker", „nicht gekannt". (W 2; 428/9) In katholischer Gotik, Renaissance und Barock wagte sich „die Kunst ... frommer und berühmter Meister" vielmehr *erfolgreich* „an alles Höchste und Heiligste" (R 1; 20). Eben an dieses!

Andererseits äußerte sich für Fontane das Ästhetische im Katholizismus gerade auch in der alltäglichen Kommunikationskultur vor allem weiblichen *Adels,* zumal im Vergleich mit der überrepräsentativen Domina von Stechlin: Was mit ihr „den Verkehr ... so schwer machte, das war die tiefe Prosa ihrer Natur, das märkisch Enge, das Misstrauen gegen alles, was die Welt der Schönheit oder gar der Freiheit auch nur streifte." (R 5; 82) Wie anders Fontanes Realeindruck von der bereits erwähnten Frau von Wangenheim, mit der ihn eine jahrzehnte-

---

101 E. Lasker-Schüler, Gesammelte Werke. Bd. 2, München 1962, S. 267.

102 O. Panizza, Intra Muros et Extra. Eine Schleswig-Holstein'sche Venus, in: Zürcher Diskußionen, Jg. 3 (1900), Nr. 28–32, S. 35/6. – Was Fontanes Verhältnis zu Panizza angeht, vgl. S. Vitz-Manetti, *Jenes alles Beste umschließende Etwas, das Gesinnung heißt.* Ein Begriff im Werk Fontanes, Frankfurt/M. u.a. 2004, S. 202/3.

103 Th. Fontane, Briefe an Georg Friedlaender, S. 322.

lange Freundschaft verband (und der er in Gestalt der ‚glücklich ungenierten' Baronin Berchtesgaden wohl auch ein belletristisches Denkmal gesetzt hat (R 5; 229)):

> „Dass sie so interessant war, lag ... in den Gegensätzen, die sich in ihr einten, richtiger wohl in einem fort bekämpften, denn wiewohl sie eine scharfe Katholikin und ihrem Glauben fest und treu ergebene Frau war, so habe ich doch kaum eine Frau kennengelernt, die ihrer Naturanlage nach weltlicher gewesen wäre. Diese Weltlichkeit brach nun beständig wieder durch, ganz ungeniert, naiv, beinah mit Freudigkeit, als freue sie sich des momentanen Triumphes über all das Höhere ..., und diese Weltkindschaft, ein Boden, auf dem wir uns fanden, lieh der ganzen Frau einen ganz eigenartigen Zauber. Mit dieser Weltkindschaft und der großen gesellschaftlichen Feinheit und Freiheit, die sie auszeichnete, hing es auch zusammen, dass sie nichts lieber tat, als mit mir über katholische Dinge zu sprechen, und an meinen mit Fidelität vorgetragenen Ketzereien eine unaussprechliche Freude hatte. Wie der ‚Narr' an den mittelalterlichen Höfen konnte ich sagen, was ich wollte, denn sie wusste, dass jedes Verletzliche weit ausgeschlossen war, ja sie hörte mit feinem Ohr heraus, dass ich inmitten aller Fragezeichen mit Vorliebe auf dem Standpunkt von ‚wenn schon denn schon' stand und inmitten einer gänzlichen Abkehr, wenn denn mal wohin geneigt sein sollte, mich mehr ihr zuneigte als allen andern. Ich verdanke dem Hause (und der in ihr verkehrenden „Gesellschaft", R.F.) die glücklichsten Stunden, heiter bis zur Ausgelassenheit und doch immer was dahinter."[104]

---

[104] Th. Fontane, Von Zwanzig bis Dreißig, S. 423. – Die bei den Wangenheims verkehrende Gesellschaft liest sich wie ein „Who is who" des katholischen Deutschlands jener Zeit: „Freiherr von Haxthausen, Mallinckrodt, Windthorst, ... General von Schweinitz ..., Peter Reichensperger, August Reichensperger, ... Frau von Radowitz, der jüngere General von Radowitz ...". (Ebd., S. 423/4) Last not least hat Fontane durch Frau von Wangenheim aber die Bekanntschaft des Kardinals Césaire Mathieu gemacht, der ihm seine französische Kriegsgefangenschaft erleichtert, vielleicht sogar das Leben gerettet hatte, woraus sich ein bis zum Tod des Kardinal-Erzbischofs von Besançon andauernder, nicht unkontroverser, jedoch ausgesprochen herzlicher Briefwechsel

Darauf kommt es auch mir entscheidend an: über die von Fontane immer wieder beschworene „Heiterkeit des Katholizismus" (R 7; 288) hinaus auf die ihr vorausgehende und mit aus ihr folgende Menschlichkeit, die – nicht nur immanent gesprochen – gerade auch Barmherzigkeit ist. Dabei denke ich primär nicht an Céciles letztes Wort, die katholische Kirche mache „uns das Sterben leichter und bettet uns sanfter" (R 2; 317), und auch nicht an von der Nonnes vergleichbares Statement im „Stechlin": „Die Seelenmessen ... sind ... eine wirklich trostspendende Seite des Katholizismus, und dass es (selbstverständlich unter Gewähr eines höchsten Willens) in die Macht Überlebender gelegt ist, eine Seele freizubeten, das ist und bleibt eine große Sache." (R 5; 188)

Die These, dass es „Lagen" gibt, „wo der Protestantismus versagt und der Katholizismus das Herz weicher bettet" (R 3; 573), ist in ihrer Allgemeinheit leicht sentimental mißzuverstehen, oder in Richtung auf „fidele" Geistliche (R 4; 551), die Gott „einen guten Mann" sein lassen (R 4; 215): „Katholische Geistliche sind immer gut. Sie sind keine Spielverderber, wissen, dass sie's sicher haben und lassen deshalb alles rund um sich her geschehn." (R 1; 307) Diese Behauptung ist ein fast ganzes Vorurteil, dem Fontanes Roman „Graf Petöfy" in Gestalt des profilierten Redemptoristenpaters Feßler denn auch entgegenarbeitet. (R 1; 695/6 und 704[105])

Tatsächlich um ein völliges Vorurteil handelt es sich bei Domina Stechlins Rentmeisters Fix *Denunziation*: „Beichte sei

---

entwickelte, nicht zuletzt über den deutschen Kulturkampf. (Vgl. R. Cheval, Fontane und der französische Kardinal. Ein neuentdeckter Briefwechsel (1870–75) mit Césaire Mathieu, Erzbischof von Besançon, in: Jahrbuch der Deutschen Schillergesellschaft 27 (1983), S. 19–85.)

[105] Zum realhistorischen Hintergrund vgl. O. Weiss, Die deutschen Redemptoristen während des Kulturkampfes (1871–1893), in: Rottenburger Jahrbuch für Kirchengeschichte 15 (1996), S. 127–47, freilich auch ders., Weisungen aus dem Jenseits? Der Einfluss mystizistischer Phänomene auf Ordens- und Kirchenleitungen im 19. Jahrhundert, Regensburg 2011.

nichts, weil immer unaufrichtig, und es habe in Berlin ... einen Geistlichen gegeben der habe den Beichtstuhl einen Satansstuhl genannt.“ (R 5; 83) Im Wesentlichen verhält es sich ziemlich anders, und Fontane wusste das, wie in „Allerlei Glück“ Ausführungen seines Onkels Wilhelm zu entnehmen ist: „Die katholische Kirche unterscheidet tödliche und ‚lässige Sünden‘, d.h. Sünden, die nicht geradezu ‚zuzulassen‘, aber ohne viel Federlesens zu ‚erlassen‘ sind. So stehe ich auch zu der Sündenfrage, zu der Frage der Verstöße gegen *die Moral*. Es gibt auch hier tödliche und ‚lässige Sünden‘. Alles was der große Lügengeist geboren hat, alles was Sünde gegen den Heiligen Geist, alle *Gesinnungs-Niedrigkeit* ist große Sünde; aber nicht alles gehört dahin.“ (R 7; 269/70)

Auf Fontanes immerwährendes *humanes* Plädoyer, nicht für Immoralität, jedoch moralische Großzügigkeit – er identifiziert die Sündenfrage als Moralfrage und die Sünde gegen den Heiligen Geist als Gesinnungsniedrigkeit – ist zurückzukommen: als das eine tragende Moment seines generellen (die Juden freilich auslassenden) Barmherzigkeitsdiskurses. Das andere Moment ist die Liebestätigkeit à la lettre: die, die in Fontanes Augen „Barmherzige“, also katholische „Schwestern“ am vorzüglichsten üben, gemäß der ihnen besonders eigenen *Heiterkeit*: „Gespräch über die Heiterkeit des Katholizismus, über die Verkennung die er findet. ‚Warst du schon in einem Krankenhaus, in einem der unsrigen?‘ ‚Ja.‘ ‚Ist dir nichts aufgefallen?‘ ‚Ja.‘“ (R 7; 288) – Dass die katholischen Krankenhäuser besser sind, weil – dem selbst so heiteren Dubslav von Stechlin zufolge – die Katholiken „die Krankenpflege“ an sich „besser“ „verstehn ... als wir (Protestanten, R.F.)“ (R 5; 180 und 344)!

8. Deutliches Plädoyer zugunsten von Mitleid und Hilfsbereitschaft. Kein Exkurs

Wider die Denunziation von ,Gutmenschen'

In „Die Poggenpuhls“ kann man freilich nachlesen, wie die „werktätige Liebe“ (R 1; 211) „frommer Seelen“ – gleich welchen Glaubens –, die „nichts“ will „als helfen und beistehn“, um so „Gott wohlgefällig (zu) sein“, mit Depravierung bis zum „alten Hausinventar“ hin (R 4; 525) zusammengehen kann. Und damit nicht genug: Else von Ardenne, geb. von Plotho, das partielle Vorbild der Effi, weihte sich nach ihrer Scheidung aus *übermäßigem* Bußbedürfnis heraus dem dienenden Leben an kranken Menschen: „als ausgezeichnete Pflegerin“, ohne jede Frage. (R 4; 689 und 704[106])

Fontane, der davon wusste, hatte davor *auch* Respekt und umso mehr, als er es als mit skandalöseste Diskriminierung seiner Effi empfand, dass es sich ihr wegen ihres Ehebruchs sogar verbot, „bei Gutem mit dabei zu sein. Ich kann nicht mal armen Kindern eine Nachhülfestunde geben“, wie Fontane Effi klagen lässt. (R 4; 266) Bestimmt gar keinen Respekt empfand er aber gegenüber seiner Prinzessin Ermyntrud, die im Namen repressiver Nächstenliebe (die es gar nicht so selten gibt) *anderen* umerziehende Buße auferlegen will, mit Vorzug durch die „Gründung eines Rettungshauses für verwahrloste (Underdog-) Kinder“. (R 5; 371)

Des alten Stechlin deutliche Verachtung für solche Caritas alias Diakonie (nicht nur seiner geliebten Agnes wegen) ist Fontanes eigene (R 5; 386), der sogar einmal schreiben kann,

---

[106] Über die schon erwähnte von Ardenne-Biographie M. Franks hinaus verweise ich auf: H. Budjuhn, Fontane nannte sie „Effi Briest“. Das Leben der Elisabeth von Ardenne, Berlin 1985.

nicht bloß pervertierte Nächstenliebe à la Ermyntrud im Sinn, sondern „christliche Nächstenliebe" als solche: „Das Bedenkliche am Christenthum ist, dass es beständig Dinge fordert, die keiner leisten kann und wenn es mal einer leistet, dann wird einem erst recht angst und bange und man kriegt ein Grauen vor einem Sieg, der besser nicht erfochten wäre."[107]

Dieses Statement ist bewusst einseitig, aber mehr als ein nur momentanes; Fontane hat das „Verrückte"[108] an prinzipienreiterischen Maßlosigkeiten nie übersehen, ohne jedoch über ihre Benennung seine andere, nicht weniger von Lebenserfahrung gesättigte Erkenntnis dementieren zu wollen: „... das Beste, was wir haben, ist Mitleid." Und: Diesem Satz (Schopenhauers, der mit ihm „ganz recht" habe) entspricht der folgende: ‚Mitleidlosigkeit/„Lieblosigkeit" bedeutet (diesseits und jenseits aller Religion) größte *Un*menschlichkeit.' „... ein Mensch, der ... keine Liebe hat, hört auf ein Mensch zu sein, und wie er selbst ein Stein ist, versteinert er andre", wie Fontane gegenüber Mete expliziert.[109] Und *exemplifiziert* hat er diese Sentenz am wohl eindringlichsten in seiner „Grete Minde":

Niemand kann dort Fontanes herbe Kritik an der Lieb-, ja Erbarmungslosigkeit Truds gegenüber der von *ihr* zum „Bettelkind" gemachten und als „fremde Brut" aus aller, auch der Familiengemeinschaft ausgeschlossenen Schwägerin Grete überlesen; umso weniger als sie die Kritik an deren, wenn auch nur reaktiven Unbarmherzigkeit: Gretes *Rachsucht* einbeschließt. Fontane versagt sich dem (nicht ohne antijudaistischen Unterton) „alttestamentarisch" genannten „Aug' um Auge und Zahn um Zahn" (2 Mose 21,24), statt dessen das „Liebet eure Feinde" (Matth. 5,44) empfehlend. Vor allem aber lässt er durch Pfarrer Gigas jemand wie Trud „die Mahnung des (durchaus altisraelitischen, R.F.) Propheten" „ans Herz" legen: „‚Laß die Waisen Gnade bei dir finden.' Erinnere dich daran und *handle*

---

[107] Th. Fontane, Briefe an Georg Friedlaender, S. 157.
[108] Ebd.
[109] Th. Fontane, Meine liebe Mete, S. 177 und 478.

danach“, wie Gigas hinzusetzt. (R 1; 30, 97, 60, 96, 57, 134 und 37)

Solche in jedem Sinn prophetische Maximen wie „Laß die Waisen Gnade bei dir finden“ (Hosea, 14,4) oder, genau so einschlägig, „tuet nicht Unrecht den Fremdlingen“ (Sacharja 7,10 bzw. R 1; 511) waren prinzipiell Fontanes Sache, nicht anders als Jesu sprichwörtlich gewordene Lehrerzählung, hebräisch „Aggada“, vom „Guten Samariter“ (Luk. 10,25–37). Kein geringerer als der alte von Stechlin erweist sich nach seines Autors hoher Absicht als ein solcher, indem der gerade „durchgefallene (Landtags-)Kandidat“ sogar „an dem Wähler seines Gegners gutherzigen und humanen Samariterdienst verrichtet“ (R 5; 447).

Vor allem „Armen“, handle es sich um situative oder gar wesensmäßig Arme, ist selbstverständlich schnelle „Hilfe“ zu gewähren, so wie es in alter Tradition und auch deshalb zum nichtbeliebigen Beispiel die kryptokatholischen Stiftsfräuleins von Arendsee tun. (R 1; 83/4 und 101[110]) Noch Armgards Imperativ lautet so präzis wie kurz: „Andern leben und der Armut das Brot geben“ (R 5; 244). Denn: „Armut (ist, R.F.) ein bitteres Brot, und Muss eine harte Nuß“ (R 2; 134). Oder, den (ver-)arm(t)en märkischen Adel in Art der Poggenpuhls einbeziehend (ohne in sein oft peinliches, um Subventionen buhlendes Selbstmitleid einzustimmen): „Arm und zugleich frei und anständig sein, zählt zu den schwersten Aufgaben.“[111]

---

[110] Merke: „... wer schnell gibt, der gibt doppelt.“ (Fontane an einer mir leider nicht mehr eruierbaren Stelle)

[111] Th. Fontane, Briefe an Georg Friedlaender, S. 169.

9. Christlichkeit und Humanität im allgemeinen, auf der klassischen Antike fußender Humanismus im besonderen

Für Christoph Müller-Busch, in Erinnerung an Fritz Hartmann

In einer auch immateriellen, alles andere denn unwesentlichen Hinsicht sind *alle* Menschen bedürftig, weil *kreatürlich* schwach: „... mit unserer Kraft ist nichts getan, und ist nicht besser damit als mit unserem Wissen. Alles ist Stückwerk und nichts weiter." (R 1; 198) Das klingt nicht nur des „Stückwerks" (1 Kor. 13,9) wegen sehr biblisch und damit theologisch; auch das Wort: „Mit unsrer eignen Kraft ist nichts getan", um die Stechlinsche Variante zu zitieren (R 5; 51), stammt aus Luthers „Eine feste Burg ist unser Gott", doch der so spricht, ist *ein Arzt.* Und sogar, wenn nicht gerade der bekennende „Heide" Turgany weiß „seit lange(m), wie wenig es mit dem Stolz unserer Tugend auf sich hat, und wenn ich irgendeines Bibelwortes gedenke, so ist es das: ‚der hebe den ersten Stein auf sie'" (R 3; 119): „L'Adultera" (R 2; 7ff.) ...

Wer könnte bezweifeln, dass Fontane, der lebenslange Liebhaber von Joh. 8,3–11, hier selbst spricht, nicht anders als dann, wenn Distelkamp aus Einsicht in menschliche Schwachheit die Maxime aufstellt: „Solange es geht, muss man Milde walten lassen, denn jeder kann sie brauchen." (R 4; 350) Dieser Merksatz (à la Johann Peter Hebel) ist freilich nicht einmal mehr indirekt christlich formuliert und doch keineswegs un- oder gar antichristlich. Schon deshalb nicht weil *bei Fontane* ‚mild' nicht selten ein Synonym für ‚christlich' ist, doch eben auch für „heidnisch" im Sinne von ‚humanus' sive ‚clemens'!

Je länger desto mehr kommt es mir auf Fontanes Oszillieren von christlich zu human und wieder zurück an: Turgany etwa stimmt *auf seine Weise* des „geistlichen“ Freunds Othegraven Erklärung zu: „Wir sind alle in Sünde geboren, und was uns hält, ist nicht die eigene Kraft, sondern eine Kraft außer uns“ (R 3; 119). Turgany (aner-)kennt keine ‚Erbsünde‘ und glaubt nicht einmal an Gott – in diesem Sinn *ist* er „Heide“ –, auch Gigas' Sprachspiel, „in uns allen“ sei „etwas Böses“, kann unmöglich das seine sein, doch vermögen Turgany und Seinesgleichen Pfarrer Eccelius' speech: „... wir sind allzumal Sünder“ unschwer zu transferieren in einen wie: „... irr und verworren sind unsres Herzens Wege“. (R 1; 30, 522 und 107) Pointe der Pointe ist, den christlich-humanistisch-christlichen Austauschprozess abrundend, dass dieser Satz im Original von dem gleich Logenbruder Eccelius aufgeklärten *Pfarrer* Sörgel stammt.

Nicht anders als mit der anthropologischen und/oder theologischen Diagnose verhält es sich mit dem ihr angemessenen Verhalten: Für Fontane muss man nicht notwendig „ein christlicher Mann“ sein, um vergeben zu können, weil man fühlt, dass man „selber der Vergebung bedürftig ist“. (R 1; 258) Dieses Gefühl kann schlicht ein menschliches sein, umgekehrt braucht ein Humanist wie Turgany bzw. Fontane absolut kein Problem zu haben mit des Propheten Sacharja Aufforderung (7,9): „... ein jeglicher beweise an seinem Bruder Güte und Barmherzigkeit.“ (R 1; 511) Gerade der aufgeklärte Humanist sollte ihr folgen können, nicht anders als der jesuanischen, den bereitliegenden Stein nicht aufzuheben, sondern *liegen* zu lassen.

Dass all dies keinen Freibrief z.B. für den brutalen Raubmörder Hradscheck bedeutet, der sich mit „Not kennt kein Gebot“ (R 1; 462) schon vor begangenem Verbrechen glaubt Absolution erteilen zu können, versteht sich. Noch die in eroticis mehr als frivole, nämlich rücksichts- und skrupellose Ebba von Rosenberg lässt Fontane sich objektiv *richten*, indem sie sich zynisch auf Kains „Soll ich meines Bruders Hüter sein?“ (R 2; 695) beruft. Mit seinem Prediger Siebenschön ist für Fontane die Inrechnungstellung der „schwachen menschlichen Natur ..., der es schwer wird, der Versuchung und der Sünde ...

zu widerstehen", das eine, das andere aber und *nicht* zu billigende, so zu tun, „als ob das Gesetz sich gegen euch (= uns, R.F.) versündige" (R 1; 218/9) und nicht wir gegenüber ihm.

Der alles andere denn unproblematische Eduard Engel hat so weit völlig recht, als er über Fontane urteilt: „Alles Moralische verstand sich bei dem von selbst. Nur war jedes sittliche Urteil Fontanes erfüllt von dem Gefühl: Ach wer alles wüsste, alles begriffe, der würde alles, oder doch das meiste, verzeihen."[112] „Sittlicher Rigorismus", ob „kirchlicher" oder nicht (R 2; 834), war jedenfalls nicht seine Sache, und „Selbstgerechtigkeit" (R 3; 119), schon den „*Ton* der Überhebung" (R 2; 777) verabscheute er. Der wie der alte Stechlin „recht eigentlich freie" Graf von Barby: sein „Zwillingsbruder" (R 5; 377 und 116), spricht aus Fontanes eigenem Herzen, wenn er – gerade auch Domina von Stechlin im Blick – ausführt:

> „(Meine Tochter, R.F.) Melusine gefällt fast immer. Aber manchem gefällt sie freilich auch nicht. Es gibt so viele Menschen, die haben einen natürlichen Hass gegen alles, was liebenswürdig ist, weil sie selber unliebenswürdig sind. Alle beschränkten und aufgesteiften Individuen, alle, die eine bornierte Vorstellung vom Christentum haben – das richtige sieht ganz anderes aus – , alle Pharisäer und Gernegroß, alle Selbstgerechten und Eitlen fühlen sich durch Personen wie Melusine gekränkt und verletzt, und wenn sich der alte Stechlin in Melusine verliebt hat, dann lieb' ich ihn schon darum, denn er ist dann eben ein guter Mensch." (R 5; 286/7)

Fontane war nachhaltig für *Wohlwollen* gegenüber den Menschen, das er in einem Brief an seine Real-Melusine Mete preist wie folgt: „... die Durchschnitts-Liebenswürdigkeit ist ein Nichts im Vergleich zu ‚Wohlwollen'. Das Wort sieht nach gar nichts aus, umschließt aber eine Welt. Es gehört ganz unter die feinen Sachen, wie Demut, Reue, Vergeben und Vergessen-Können, Beichtebedürfnis." [113] Nicht zuletzt dieses verbum

---

[112] Zit. nach W. Rasch und C. Hehle (Hg.), a.a.O., S. 118.

[113] Th. Fontane, Meine liebe Mete, S. 526.

ipsum belegt Fontanes humane Gesinnung *und* deren Sinn für auch Human-*Christliches*. Fontane versteht – nicht zufällig ist er sein Au(c)tor –, dass Turganys geistlicher Freund Othegraven jenem erklärt: „Sie irren, wenn Sie das Christentum ... als eng und befangen ansehen. Im Gegenteil, es ist frei." (R 3; 119) Allerdings, Fontane wusste zur Übergenüge, dass es ganz andere als Othegraven gab: eine sehr große „Gruppe von *Freudlosen*", unter die er exemplarisch einen realexistierenden Pastor Moritz rechnete:

> „... er hatte keine Spur von jener christlich-leuchtenden Serenität, die dem liebenswürdig angelegten Naturell aus dem ‚sie säen nicht, sie ernten nicht' erwächst, und so bracht' er es denn mit seiner ganzen Korrektheit in Geldsachen, mit seinen Klagen, Vorstellungen und Protesten, die immer nur darauf hinausliefen, dass der Heckenzaun *noch* nicht gemacht und die Tonne Most *noch* nicht geliefert worden sei, zu nichts andrem, als dass man ihn für einen unerquicklichen Geizhals hielt. Er *war* es nicht (im Gegenteil, er gab, er half), aber man darf sagen, er hatte die Allüren des Geizes" (W 2; 228) – der „der Teufel" selber ist (R 1; 93).

Ein anderes Hauptlaster der „Freudlosen" bzw. „Tugendmeier" ist, wenn nicht gleich der Sexualneid, dann doch wenigstens die Prüderie. Mit ihr nicht zuletzt hat Fontane immer wieder den Kampf aufgenommen: „Ich war nie ein Lebemann, aber ich freue mich, wenn andere leben, Männlein wie Fräulein. Der natürliche Mensch will leben, will weder fromm noch keusch noch sittlich sein, lauter Kunstprodukte von einem gewissen, aber immer zweifelhaft bleibenden Wert, weil es an Echtheit und Natürlichkeit fehlt. Dies Natürliche hatte es mir seit langem angetan, ich lege nur darauf Gewicht, fühle mich nur dadurch angezogen, und dies ist wohl der Grund, warum meine Frauengestalten alle einen Knacks weghaben. Gerade dadurch sind sie mir lieb, ich verliebe mich in sie, nicht um ihrer Tugenden, sondern um ihrer Menschlichkeiten, d.h. um ihrer Schwächen und Sünden willen. Sehr viel gilt mir auch die Ehrlichkeit, der man bei den Magdalenen (Cécile und Effi) mehr begegnet als bei den Genoveven (à la Christine von Holk, R.F.).“ (R 4; 703)

Fontane, der dem „krassen Aristokraten“ Helmuth von Holk immer wieder herbe Kritik hat angedeihen lassen, ist dann voller Verständnis und Sympathie für ihn, wenn er sich infolge vieler erfahrener „Herbheiten“ nach Tagen sehnt, „die nicht mit Traktätchen anfangen und ebenso aufhören; ich will kein Harmonium im Hause, sondern Harmonie, heitere Übereinstimmung der Seelen, Luft, Licht, Freiheit“ (R 2; 660 und 766): *„frische* Luft“, wie meine Lebensgefährtin zu formulieren liebt. Obwohl nicht entfernt so bavarophil wie Fontane, der es gerade auch der (ironisch zu verstehenden) ‚sündenlosen Alm‘ wegen war: „Der letzte Rest von natürlichem Gefühl“ ginge den Preußen, dem „langweiligsten Volk“ überhaupt, „verloren ... Sobald man nach Oberbaiern kommt und eine ‚Loni die nich ohni‘ ist, sieht, wird es schon besser.“[114]

Hochkulturell und zwar so existentiell wie literatursoziologisch urteilt Fontane in seinen Lebenserinnerungen über Heinrich Heines „berühmte Schilderung von einer dekolletiert auf einem Ball erscheinenden Embonpoint-Madame, hinsichtlich derer er versicherte, ‚nicht nur das Rote Meer, sondern auch noch ganz Arabien, Syrien und Mesopotamien‘ gesehen zu haben“: „Solche Verquickung von Übermut und Komik hebt Schilderungen der Art, in meinen Augen wenigstens, auf eine künstlerische Hochstufe, neben der die saubertuenden Wendungen der angeblichen Unschuldserotiker auch moralisch versinken.“[115]

In Fragen ‚freier Liebe‘, solange sie niemand dritten verletzte, war Fontane zumindest der Meinung, die Onkel Wilhelm in einem „Gespräch ... über ‚allerlei Glück‘ und namentlich über *‚allerlei Moral‘*“ äußert: „Ich ziehe das Keusche dem Unkeuschen vor und es ist kein leerer Wahn: selig sind, die reinen

---

[114] Th. Fontane, Briefe an Georg Friedlaender, S. 295; vgl. auch R 5; 206.
[115] Th. Fontane, Von Zwanzig bis Dreißig, S. 211.

Herzens sind ... Aber ich bin außerstande, in dem Verhältnis dieser beiden Leute" – „Axels" zu „Frau v. Birch" – „etwas besonders Anstößiges zu erblicken. Es werden keine Pflichten verletzt, es wird kein Anstoß gegeben; eine nicht aus lautersten Quellen stammende Neigung sucht ihre Befriedigung und findet sie. Ich persönlich habe meine Befriedigung in andrem gefunden, aber solange wir nicht gelernt haben, auf Sternen zu gehen, solange wir Erde sind, werden wir dies nicht abtun, und wer dabei die Grenzlinie scharf zu ziehen versteht, – dies ist Bedingung und scheinbar verwandte Fälle können schon sehr verschieden sein – der mag seine Straße ziehn. Meine Absolution, *meinen* Ablaß hat er." (R 7; 268 und 270[116])

Was schließlich die Ehescheidung angeht, die in keinem Fall opferfrei bzw. schuldlos sein kann, hat sich Fontane ganz selbstverständlich hinter das gestellt, was seit längerem staatlich, aber auch großkirchlich-protestantisch erreicht gewesen ist: „Es involviert innerhalb des protestantischen Lebens keine Blâme, wenn sich jemand scheiden lassen will, um sich wieder zu verheiraten; es mag im gegebenen Einzelfall unklug sein, aber das ist zuletzt Sache dessen, der die Sache auf seine Schul-

---

[116] In einem Brief aus Anlass seiner „Irrungen, Wirrungen", *des* Fontane-Romans über ‚freie Liebe', heißt es u.a. „Wir stecken ... bis über die Ohren in allerhand konventioneller Lüge und sollten uns schämen über die Heuchelei, die wir treiben, über das falsche Spiel, das wir spielen. Gibt es denn, außer ein paar Nachmittagspredigern, in deren Seelen ich auch nicht hineingucken mag, gibt es denn außer ein paar solchen fragwürdigen Ausnahmen noch irgendeinen gebildeten und herzensanständigen Menschen, der sich über eine Schneidermamsell mit einem freien Liebesverhältnis wirklich moralisch entrüstet? Ich kenne keinen und setze hinzu, Gott sei Dank, dass ich keinen kenne. Jedenfalls würde ich ihm aus dem Wege gehn und mich vor ihm als vor einem gefährlichen Menschen hüten. ‚Du sollst nicht ehebrechen', das ist nun bald vier Jahrtausende alt und wird wohl auch noch älter werden ... Der freie Mensch aber, der sich nach dieser Seite hin zu nichts verpflichtet hat, kann tun, was er will und muss nur die sogenannten ‚natürlichen Konsequenzen', die mitunter sehr hart sind, entschlossen und tapfer auf sich nehmen." (Zit. nach H. Nürnberger, Theodor Fontane in Selbstzeugnissen und Bilddokumenten, Reinbek bei Hamburg 1968, S. 138)

tern nimmt und etwaige Irrtümer mit eignem Glück und Leben bezahlen muss"[117] – so wie auf unterschiedliche Weise im Fall der beiden Holks bzw. van Straatens.

Ein libertärer Idylliker war Fontane sicher nicht, doch auch nicht oberflächlich oder gar frivol, trotz dieser frühen und Schlüsselepisode von „L'Adultera": „‚Ah, l' Adultera! ... Es ist eigentlich ein gefährliches Bild, fast so gefährlich wie der Spruch ... Wie heißt er doch?' – ‚„Wer unter euch ohne Sünde ist ..."' – ‚Richtig. Und ich kann mir nicht helfen, es liegt so was Ermutigendes darin. Und dieser Schelm von Tintoretto hat es auch ganz in diesem Sinne genommen. Sieh nur! ... Geweint hat sie ... Gewiss ... Aber warum? Weil man ihr immer wieder und wieder gesagt hat, wie schlecht sie sei. Und nun glaubt sie's auch, oder *will* es wenigstens glauben. Aber ihr Herz wehrt sich dagegen und kann es nicht finden ... Und dass ich dir's gestehe, sie wirkt eigentlich rührend auf mich. Es ist so viel Unschuld in ihrer Schuld ...'" (R 2; 13).

Ich erinnere hier nur an des so ernst(haft)en wie humanen Turgany Verwendung von Joh. 8,7. (R 3; 119) Sie ist nicht christlich-demütig, aber eben *human*-demütig motiviert gewesen. – „Humanität", „weit über Bonhomie hinaus"[118]: Fontane hat sie schon an seinem Vater schätzen und lebenslang hochhalten gelernt: „*schönste* Humanität" (R 4; 653). Noch oder gerade vom alten Stechlin heißt es, gleich bei seiner Vorstellung zu Roman-Beginn: „Sein schönster Zug" sei „eine tiefe, so recht aus dem Herzen kommende Humanität" gewesen, die ihn mit seinem „weltmännischen" Pendant, dem Grafen Barby, verbunden habe: „das Schönmenschliche", wie es in der entsprechenden Notiz heißt: „Wohlwollen" gegen die „Mitmenschen, Abwesenheit alles Kleinlichen und Selbstsüchtigen". (R 5; 9 und 431)

---

[117] Th. Fontane, Sie hatte nur Liebe und Güte für mich, S. 159.
[118] Th. Fontane, Meine Kinderjahre, S. 139.

Fontane ist Adligen à la Barby leibhaftig begegnet; von einem Grafen Harrach schreibt er Mete 1889, dieser sei „ein Ideal von Liebenswürdigkeit, völlig ungeniert, ein Mensch, also *das Höchste*."[119] Vater Fontane, dem gleich seiner Freundin von Rohr „alles Unhumane ... in tiefster Seele verhasst" war[120], vertrat generell die Meinung (wenn er sie in Entscheidendem auch nicht einlöste): „Das Menschliche ... ist *das Einzige* was gilt."[121] Und seine HerzensheldInnen sind tatsächlich „Seelen von Menschen", wie ausdrücklich Gieshübler: mehr als „der geborne Onkel", nämlich einfach ein „*richtiger* Mensch" (R 4; 51, 86 und 68)[122], der von Instettens recht morosen Freund von Wüllersdorf dann auch zu wünschen veranlasst, „dass es mehr Gieshübler gäbe. Es gibt aber (leider, R.F.) mehr andere" (R 4; 244) ...

Dass die sich durch ihre „Herzensgüte" auszeichnende Effi beste Freundschaft mit Gieshübler hält, versteht sich von selbst. Nicht zu erwähnen vergessen sollte man aber auch jene Ministergattin, die Effi „durch die sich in allem aussprechende Herzensgüte" ihrerseits „bewegt", in Stunden allergrößter Not der geschiedenen und um ihr Kind gebrachten Effi. Vor allem ist schließlich des mehr als „Damendoktors" zu gedenken: Geheimrat Rummschüttel ist nicht nur Psychologe im allgemeinen und Frauenherzen-Kenner im besonderen, sondern von empathiebestimmter Verzeihungsfähigkeit. Im Brief an Effis gestrenge Mutter erreicht er mehr als *humanitäre* Größe (R 4; 215, 64, 270, 201/2 und 259):

> „Es geht so nicht weiter. Ihre Frau Tochter, wenn nicht etwas geschieht, das sie der Einsamkeit und dem Schmerzlichen ihres nun seit Jahren geführten Lebens entreißt, wird schnell hinsiechen ...: ihre Nerven zehren sich auf. Dem Einhalt zu tun, ist ein Luftwechsel nötig. Aber wohin? Es würde nicht schwer sein, in den schlesi-

---

119 Th. Fontane, Meine liebe Mete, S. 352.

120 Th. Fontane, Sie hatte nur Liebe und Güte für mich, S. 16.

121 Th. Fontane, Briefe an Georg Friedlaender, S. 275.

122 „Nur Mensch", um Woldemars Charakteristik der Barbys: „nur Menschen", auf Gieshübler zu applizieren.

schen Bädern eine Auswahl zu treffen ... Aber es darf nur Hohen-Cremmen sein. Denn ... was Ihrer Frau Tochter Genesung bringen kann, ist nicht Luft allein; sie siecht hin, weil sie nichts hat als Roswitha. Dienertreue ist schön, aber Elternliebe ist besser. Verzeihen Sie einem alten Manne, dies Sicheinmischen in Dinge, die jenseits seines ärztlichen Berufes liegen. Und doch auch wieder nicht, denn es ist schließlich auch der Arzt, der hier spricht und seiner Pflicht nach, verzeihen Sie dies Wort, Forderungen stellt ..." (R 4; 276)

Stechlins, Fontane selbst eignender „Humor", seine „Selbstironie" (R 5; 9), ohne deren wenigstens „feinen Beisatz ... jeder Mensch mehr oder weniger ungenießbar" ist[123], in hohen Ehren: jenes „Klassische", das der antikem Humanismus mehr als berufsmäßig verpflichtete Professor Willibald Schmidt feiert als das, „was die Seele freimacht, das Kleinliche nicht kennt und ... vergeben und vergessen lehrt, weil wir alle des Ruhmes mangeln" (R 4; 469). Doch Rummschüttel *handelt* aus immer schon der ‚misericordia' verpflichtetem und damit von klassisch-antiker Humanität bestimmtem ärztlichen *Ethos* heraus.[124] Und volle, gar höchste Humanität streift, nicht bloß für Lorenzen, das „Heldentum", wenn auch ‚nur' eines „zweiter Güte. *Mein* Heldentum – soll heißen, was ich für Heldentum halte – , das ist nicht auf dem Schlachtfelde zu Hause, das hat keine Zeugen oder doch immer nur solche, die mit zugrunde gehen. Alles vollzieht sich stumm, einsam, weltabgewandt. Wenigstens als Regel." (R 5; 341)

Vor allem ist solches Heldentum, im Vergleich mit dem „Bataillonsmut", den Lorenzen als bloßen „*Herden*mut" abzuwerten wagt, eines persönlicher Zivilcourage, die sich vor andern in ‚Grenzsituationen' bewahrheitet: „In solchem Augenblicke" – in einer Grenzsituation – „richtig fühlen und in der Überzeugung des Richtigen fest und unbeirrt ein furchtba-

---

[123] Th. Fontane, Meine liebe Mete, S. 488.

[124] Vgl. F. Hartmann, „Das Wohlergehen des Kranken ... oberster Grundsatz"? Über Menschlichkeit und Menschen-Heilkunde, in: R. Faber (Hg.), Streit um den Humanismus, S. 43–70.

res Etwas tun, ein Etwas, das, aus seinem Zusammenhange gerissen, allem göttlichen Gebot, allem Gesetz und aller Ehre widerspricht, *das* imponiert mir ganz ungeheuer und ist in meinen Augen der wirkliche, der wahre Mut." (R 5; 344)

„Schmach und Schimpf, oder doch der Vorwurf des Schimpflichen, haben sich von jeher an alles Höchste geknüpft", wie Lorenzen hinzusetzt und damit, obwohl es sich in seinem Exempel (falsch angesehen) um einen ‚Fememord' handelt, eine Brücke zurückschlägt zu Czakos Bericht vom ‚Märtyrertod' eines russischen Wehrdienstverweigerers tolstoianischen Zuschnitts: „... dieser Mensch ... hat sich geweigert, eine Flinte loszuschießen, weil das bloß Vorschule sei zu Mord und Totschlag, also ganz und gar gegen das fünfte Gebot. Und dieser Mensch ist sehr gequält worden und zuletzt ist er gestorben." (R 5; 344 und 53)

„Schmach und Schimpf ... haben sich von jeher an alles Höchste geknüpft", um noch einmal Lorenzen zu zitieren, der damit, nicht anders als des Wehrdienstverweigerers Rekurs auf das fünfte Gebot und meine Rede von seinem Märtyrertod, *Christliches* konnotiert. Und, es zu wiederholen fällt nicht schwer, „sehr menschlich" *kann*, gerade wenn es „beinah lästerlich" klingt, gleichbedeutend mit ‚sehr christlich' sein (R 5; 344 und 340), so wie – komplementär dazu – Mennonit Obadja zu nicht beliebigem Beispiel „in der schlichten Erzählung von der Geburt des Heilands das schön *Menschliche* zu betonen" vermag: „das Heil" sei „aus Not und Bedrängnis, aus Armut und Niedrigkeit ... geboren worden". (R 1; 418)

Noch Altphilologe Schmidt lässt sein „Klassisches", „was sie jetzt verspotten", „das Christliche vorahnen", doch er ist der zusätzlichen Überzeugung: „... das Klassische, das hat Sprüche wie Bibelsprüche. Mitunter beinah noch etwas drüber." (R 4; 469) Wenn man es nicht beim Fontane auch persönlich teueren

„Nichts Menschliches war ihm fremd“ (R 5; 378[125]) belässt, kann Klassisches Biblischem sehr wohl *überlegen* sein, gerade aufgrund seiner großen Verhaltenheit und Zurückgenommenheit. Fontane war sich darin mit dem von ihm aufs Höchste verehrten Wilhelm von Humboldt sicher.[126] Ich zitiere seine eindrucksvolle Würdigung der Humboldtschen, von Schinkel entworfenen Grabanlage im Berlin-Tegeler Schlosspark:

> „Wenn ich den Eindruck bezeichnen soll, mit dem ich von dieser Begräbnisstätte schied, so war es der, einer entschiedenen *Vornehmheit* begegnet zu sein. Ein Lächeln spricht aus allem und das resignierte Bekenntnis: wir wissen nicht, was kommen wird, und müssen's – erwarten. Deutungsreich blickt die Gestalt der Hoffnung auf die Gräber hernieder. Im Herzen dessen, der diesen Friedhof schuf, war eine *unbestimmte Hoffnung* lebendig, *aber kein bestimmter siegesgewisser Glaube*. Ein Geist der Liebe und Humanität schwebt über dem Ganzen, aber nirgends eine Hindeutung auf das Kreuz, nirgends der Ausdruck eines unerschütterlichen Vertrauens. Das sollen nicht Splitterrichter-Worte sein, am wenigsten Worte der Anklage; sie würden *dem* nicht ziemen, der selbst lebendiger ist in der Hoffnung als im Glauben. Aber ich durfte den *einen* Punkt nicht unberührt und ungenannt lassen, der, unter allen märkischen Edelsitzen, *dieses* Schloss und *diesen* Friedhof zu einem Unicum macht. Die märkischen Schlösser, wenn nicht ausschließlich *feste Burgen* altlutherischer Konfession,

---

[125] Bei „Nichts Menschliches war ihm fremd“ handelt es sich um ein indirektes Zitat von: Terenz, Heautontimoroumenos (77). Sekundär: E. Lefèvre, Ich bin ein Mensch, nichts Menschliches ist mir fremd, in: O. Herding (Hg.), Wegweisende Antike. Festgabe für G. Wöhrle, Stuttgart 1968, S. 39–49.

[126] Wie hoch Fontane *beide* Humboldts schätzte, folgt allein schon daraus, dass er die Humboldtsche Familie die nennt, „die, wie kaum eine zweite, diesen (märkischen, R.F.) Sand zu Ruhm und Ansehen gebracht“ hat (W 2; 168). – Fontanes „Erwanderung“ Tegels hat mit Hans Blumenbergs Wort „etwas von säkularer Wallfahrt“ an sich (a.a.O. S. 82). Doch sollte man über dem parareligiösen Humanisten Fontane den Hedonisten nicht vergessen, der formuliert hat, Berlin sei „nicht ohne Charlottenburg, ja für den *Feinschmecker* kaum ohne Tegel zu denken“ (Aus den Tagen der Okkupation, S. 160).

haben abwechselnd den Glauben und den Unglauben in ihren Mauern gesehen; straffe Kirchlichkeit und laxe Freigeisterei haben sich innerhalb derselben abgelöst. Nur Schloss Tegel hat ein *drittes* Element in seinen Mauern beherbergt, *jenen Geist*, der, gleich weit entfernt von Orthodoxie wie von Frivolität, sich inmitten der klassischen Antike langsam, aber sicher auszubilden pflegt, und lächelnd über die Kämpfe und Befehdungen beider Extreme, des Diesseits genießt und das rätselvolle Jenseits *hofft*." (W 2; 169/70)

„Gleich weit entfernt von Orthodoxie wie von Frivolität", das wollte Fontane stets auch persönlich sein: ein (Neu-)Humanist wie Humboldt generaliter. Noch wenn er zu schreiben vermag, die revolutionäre „Proklamierung der Menschenrechte" sei „nur Phrase geblieben", geht es ihm um „Anerkennung des Menschlichen" als solchen (W 3; 660): „Ich mache mir nichts aus diesen Windbeuteln von Franzosen ... Mit ihrer Brüderlichkeit wird es nicht viel werden, und mit der Freiheit auch nicht; aber mit dem, was sie dazwischengestellt haben, hat es was auf sich. Denn was heißt es am Ende anders als: Mensch ist Mensch." (R 3; 706)

Wir erinnern uns, dass sich der prinzipielle Egalitarist Fontane so noch am 12.4.1894 Friedlaender gegenüber geäußert hat: „Mensch ist Mensch"[127]. Bereits sein Vater, dem „jeder Mensch ein Mensch war"[128], hatte ihm das vor*gelebt*, obwohl kein eigentlicher „Weltmann" wie beispielsweise seines Sohnes Graf Barby. Doch schon der alte Fontane wusste, „was sie hierzulande nicht wissen oder nicht wissen wollen ..., dass hinterm Berge auch noch Leute wohnen. Und mitunter noch ganz andre." Die ausdrücklich welt*bürgerliche*, nämlich universalistische Konsequenz daraus zieht Barbys Tochter Melusine, die analog zum Diplomaten-Vater „mehr als eine bloß liebenswürdige Dame aus der Gesellschaft" ist: „... es ist nicht nötig, dass

---

[127] Th. Fontane, Briefe an Georg Friedlaender, S. 254; vgl. auch ebd., S. XXII.

[128] Th. Fontane, Meine Kinderjahre, S. 139.

die Stechline weiterleben, aber es lebe *der Stechlin*" (R 5; 117, 269 und 388), der bekanntlich für den All- oder eben Weltzusammenhang: ein allmenschliches Weltzusammengehörigkeitsgefühl steht.[129]

Alexander Kluge hat sich in aktuellem Kalten-Kriegs-Zusammenhang nachdrücklich auf Fontanes – bestehende Differenzen mit Fleiß achtenden – Universalismus bezogen, als er 1979 bzw. 1987 schrieb: „... es gibt quer durch alle Parteien – und das hat mit links oder rechts wenig zu tun – eine Gruppierung, die sich in einem einig ist, daß sie nämlich gegen Religionskriege ist und an den Automatismus von Trennungen nicht glaubt; man könnte sie unter der Bezeichnung Ungläubige zusammenfassen. Und für diese Partei, die es bei uns durchaus gibt, und zu der ich eine ganze Reihe von Freunden, die ich habe, zählen würde, wäre Fontane einer der besten Eideshelfer, den ich kenne. Ich sage das, nachdem ich dieses dicke Werk, das er geschrieben hat, sorgfältig genau auf diesen Punkt hin gelesen habe."[130]

Ich selbst beschloss 2007 mit diesem Kluge-Zitat meinen Festschrift-Beitrag für den Berliner Polonisten Christoph Koch: „Theodor Fontane, ein Brandenburger französischen Namens, über die ‚märkischen Wenden'"[131]. Ich drucke diesen Aufsatz hier nahezu unverändert nach, wenn auch mit einer neuen *Kapitel*-Überschrift (und ohne das Kluge-Zitat abschließend zu wiederholen).

---

[129] Vgl. auch R 5; 451/2.

[130] A. Kluge, Fontane, Kleist, Deutschland, Büchner. Zur Grammatik der Zeit, Berlin 2004, S. 13/4.

[131] Vgl. W. Hock und M. Meier-Brügger (Hg.), Dar sloves'ny. Festschrift für Christoph Koch zum 65. Geburtstag, München 2007, S. 53–59.

10. Humaner Vorzug der ‚heidnischen' Wenden vor den christlichen Deutschen

Für Christoph Koch

„Die Wenden von damals waren wie die Polen von heut." So zeigte sich Fontane im dritten Kapitel des mit „Die Wenden in der Mark" überschriebenen Teils seiner „Wanderungen durch die Mark Brandenburg" überzeugt, wobei er schon zum Abschluß des allerersten Absatzes des „Wenden"-Teils festgehalten hatte, daß der Ausdruck „märkische Wenden" nicht „völlig korrekt" ist: „Es soll heißen: Wenden, die, *noch eh es eine ‚Mark' gab,* in demjenigen Landesteile wohnten, der später Mark Brandenburg hieß" – freilich nach der alten „Wendenfeste" mit Namen „Brennibor", später *germanisiert* zu Brandenburg (W 2; 26 und 14):

„Am Nordufer der Mittelhavel, den ganzen Havelgau und südlich davon die ‚Zauche' beherrschend, lag die alte Wendenfeste *Brennibor.* Ihre Eroberung durch Albrecht den Bären (1157) entschied über den Besitz dieses und der benachbarten Landesteile, die von da ab ihrer Christianisierung und, was in Sonderheit die Havelgegenden angeht, auch ihrer Germanisierung rasch entgegengingen." (W 2; 14)

Mit diesen beiden Sätzen beginnt „Die Wenden in der Mark" überhaupt, nachdem unter anderem folgende *empathische* Verse (Carl Seidels) Fontane als Motto gedient haben: „Notschirmer Radigast, / Kriegshelfer Svantevit, / Leidwahrer Triglav, / O, verleihet uns (Wenden) Sieg!" (W 2; 14) – Der deutsch-preußische Patriot Fontane ist, gerade als Brandenburger bzw. Märker, kein Slawenfeind; nicht zuletzt der Ethnologe und Historiker in ihm verhindert das, schließlich und endlich der auf religiöse Toleranz abonnierte Humanist. So panökumenisch wie letztlich ungläubig, kann der sogar zu ‚heidnischen' Wenden-Göttern ‚beten', das heißt – und darauf kommt es an – sich mit den zwangsgetauften Wenden-Menschen solidarisieren.

Fontane ehrt nicht nur, bloß folkloristisch, deren relativ neue (Spreewald-)Tracht und ihren durchaus protestantischen Gottesdienst in wendischer Sprache (W 3; 471ff.), sondern rückwirkend gerade auch ihre *ursprüngliche*, durch christliche Deutsche bzw. deutsche Christen zerstörte, ja vernichtete *Religion*. Für ihn waren „1000 Jahre Christentum" in Brandenburg nicht einfach „Der Himmel auf Erden" – schon gar nicht im Blick auf die mit Feuer und Schwert so germanisierten wie christianisierten Wenden. Und „Kulturland" mußten die „slawischen Vorlande" (R 3; 97) auch nicht erst werden, sondern waren sie schon vor Christen bzw. Deutschen[132], die „bittere Feinde" der Wenden zu nennen (W 2; 24), sich Fontane überhaupt nicht scheut. Er *verabscheut* „die schwindelnden Höhen deutschen Undanks und deutscher Überhebung" gegenüber den Wenden. Besonders empört Fontane, daß „weder die Deutschen noch ihre Chronisten, zum Teil hochkirchliche Männer", sich die eigene, vertragsbrüchige und terroristische Eroberungs- und Missionspraxis irgend „anfechten" ließen, sich „aber Mal auf Mal über die ‚Falschheit der götzendienerischen Wenden'" beklagten. (W 2; 26) Solch mehr als doppelter Moral entgegen insistiert Fontane auf diesem:

„Die Wenden waren tapfer und gastfrei und, wie wir uns überzeugt halten, um kein Haar falscher und untreuer als ihre Besieger, die Deutschen ... Ausgerüstet mit liebenswürdigen und blendenden Eigenschaften, an Ritterlichkeit ihren Gegnern

---

[132] Ich beziehe mich mit „1000 Jahre Christentum", „Der Himmel auf Erden" und „Kulturland" kritisch auf das entsprechende Programm, die entsprechenden Plakate des Landes Brandenburg vom März bis Juni 2005.

mindestens gleich, an Leidenschaft, an Opfermut ihnen vielleicht überlegen, gingen sie dennoch zugrunde, weil sie jener gestaltenden Kraft entbehrten", „die zu allen Zeiten der Grundzug der germanischen Race gewesen und noch jetzt die Bürgschaft ihres Lebens ist. *Die Wenden von damals waren wie die Polen von heut*", wie Fontane in diesem Kontext (und mit kursiven Buchstaben) hervorhebt. „Immer voll Neigung, ihre Kräfte nach außen hin schweifen zu lassen, statt sie im Zentrum zu einen, fehlte den Wenden das Konzentrische, während sie exzentrisch waren in jedem Sinne. Dazu die individuelle Freiheit höher achtend als die staatliche Festigung – wer erkennte in diesem allen nicht polnischnationale Züge?" (W 2; 26/7)

Fontane fragt zweifellos rhetorisch, seiner völkerpsychologischen Sache (und der preußischen Staatlichkeit) allzu sicher. Zugleich ist er aber substantialistischem „Racendünkel" (W 2; 34) fürs erste abhold. So lobt er ausdrücklich als Tugend die „*Langmut* in Stammes- und Rassefragen", welche nur konsequent ist bei „deutsch-wendischen" bzw. wendisch-deutschen „Figuren", wie sie Fontane gerade in seinem hochpatriotischen, freilich *märkisch*-patriotischen Roman „Vor dem Sturm" auftreten läßt. (R 3; 98 und 742) Er weiß und *begrüßt*, daß es sich bei den Brandenburgern um eine „deutsch-wendische Mischung" (W 1; 262): eine „Misch*race*" handelt: „Einzelne Historiker haben dies bestreiten wollen, aber wir glauben mit Unrecht. Einmal würde eine ... konsequent durchgeführte Racengeschiedenheit gegen die historische Überlieferung aller anderen Staaten, bei denen ähnliche Verhältnisse obwalteten, sprechen, andererseits dürfte es, von allen Analogien abgesehen, nicht schwerhalten, in aberhundert Einzelfällen solche Mischung der beiden Racen nachzuweisen. Es ist wahr, die Deutschen brachten den Stolz des Siegers mit, ein Racegefühl, das, auf geraume Zeit hin, eine Schranke gezogen haben mag; wir halten uns aber nichtsdestoweniger überzeugt, daß, noch ehe die Hohenzollern ins Land kamen, ... *diese Unterschiede so gut wie verwischt* *waren.*“ (W 2; 34) Vor allem aber waren – nicht nur vor den erst sehr spät ‚immigrierten‘ Hohenzollern, sondern vor jedem deutschen Adel – wendische Geschlechter in Herrschaftsstellungen gewesen und sind es *geblieben* , wie ‚deutsch-versippt‘ (in Art der Stechline (R 5; 259)) mit der Zeit auch immer.

Über das „Ländchen Friesack“ hat sich Fontane exemplarisch notiert: „Das ganze Gebiet besaß in wendischer und auch in anhaltinischer Zeit die alte Familie v. Friesack (Vrysack) und behielt es auch in christlicher Zeit während der Zeit der Anhaltiner. Sehr wahrscheinlich bewohnte die alte Familie dieselbe erhöhte, das Luch beherrschende Stelle, wo später die Burg stand.“ Wenn hier nicht Kontinuität waltet, und zwar überrepräsentative! „Im Herzen von Brandenburg liegt das Havelland und im Herzen des Havellands liegt das Ländchen Friesack. Ein Kern im Kern“, wie Fontane steigert. (W 3; 699/700) Vor allem aber – er kann es nicht genug betonen, ‚urgermanische‘ Semnonen hin oder her: ‚Am Anfang waren die Wenden.‘ – „Ausgrabungen würden unschwer Gewißheit ... geben“ (W 3; 229[133]), wo es nicht schon beibehaltene oder bloß leicht veränderte Adels- und Ortsnamen tun: „Selbst viele deutsch klingende Namen wie Wustrau, Wusterhausen etc. sind nur ein germanisiertes Wendisch.“ Der Name eines anderen bekannten Hohenzollernschlosses, Paretz, aber ist „alt-wendisch“, schlicht und ergreifend. (W 2; 21 und 322)

Pointe solch fontanescher Pointen bleibt unbeschadet dessen, daß die Wenden erobert, unterworfen und bekehrt wurden: mit „Grausamkeit“, vor allem aber „endlosen Perfidien“, die „im Dienste einer großen Idee ... vorweg als gerechtfertigt“ angesehen wurden – keineswegs aber von Fontane, für den (in diesem Fall) der Zweck *nicht* die Mittel heiligen kann. – Unabhängig davon, ob es sich um den national-politischen Germanisierungs-

---

[133] „Jeder Fußbreit Acker gibt die Zeichen heraus: hier war altes Leben, alte Kultur“, wie Fontane im Kapitel „Gütergotz“ festhält. (W 3; 439)

oder den christlichen Missionierungszweck handelt: den „der Kultur“ generell. (W 2; 25/6 und 43)

Fontane *würdigt* Prämonstratenser und vor allem Zisterzienser als „Orden der Kolonisation“, die „mit dem Kreuz in der Linken, mit Axt und Spaten in der Rechten, lehrend und ackerbauend, bildend und heiligend vorgedrungen“ seien; ja, als „ein besonders geeignetes Werkzeug sowohl in der Hand der Kirche wie auch des weltlichen Fürstentums“. (W 2; 40/41) Beide seien an sich „Bundesgenossen“ gewesen, „die im gemeinsamen Kampfe ihre Zwecke zu erreichen suchten“. Fontane kann den Deutschen gegenüber auch *im Positiven* weit gehen, ohne aber (speziell) den (Havelburger- und Müritz-)Wenden irgend zu verdenken, daß sie des Magdeburger Erzbischofs Norbert besondere „Art des Christentums nur als eine harte Knechtschaft“ ansahen. (W 3; 542 und 536) Und wie er selbst dessen „Herrschsucht“ rügt, so bereits den „wohlberechneten Hohn“, mit dem Bischof Burkhard von Halberstadt „auf dem weißen Rosse des (Wendengottes) Radigast“ hinritt, nachdem er dessen „Götzenbild“ zu Rhetra umgestürzt hatte. (W 2; 30)

Man mag den unzulässigen Pejorativ „Götze“ rügen, kann aber unmöglich übersehen, daß sich Fontane schon Seiten zuvor die (Seidelschen) Verse zu eigen gemacht hat: „In trotzigem Mut, / Gastfrei und gut, / Haben für ihre *Götter* und Sitten / Sie wie die Märtyrer gelitten.“ Fontane schreibt insgesamt über das wendische ‚Heidentum‘ hoch-achtungsvoll: Er vergleicht die zentralen Wenden-Heiligtümer, das schon erwähtne Rhetra und Arkona auf Rügen, mit Delphi und Dodona (W 2; 24 und 29), was bei Fontanes hoher Wertschätzung des zeitgenössischen Klassizismus à la Schinkel ein Vergleich ‚erster Klasse‘ bedeutet.[134] Den germanischen Semnonen widerfährt solche Ehre keineswegs, ja sie schneiden im unmittelbaren Ver-

[134] „Lichthell“ werden die Wenden-Götter gleich in der allerersten Zeile von „Die Wenden in der Mark“ genannt (W 2; 14), ganz so wie gewöhnlich die ‚Olympier‘.

gleich mit den auf sie folgenden slawischen Wenden recht schlecht ab: „Die Deutschen dieser Gegenden waren Wilde; sie hatten Menschenopfer, sie schlitzten ihren Feinden die Bäuche mit Feuersteinen auf. Sie aber, die gesitteten Wenden, ... hatten Tempel, trugen feine Gespinste und schmückten sich und ihre Götter mit goldenen Spangen. Was hat dein ganzes Semnonentum aufzuweisen, das heranreicht an die sagenhafte Pracht Vinetas, an die phantastische Tempelgröße Rhetras und Oregungas?“ (R 3; 98)

So fragt in „Vor dem Sturm“ Justizrat Turgany seinen Freund, Pfarrer Seidentopf, nachdrücklich, was um so bemerkenswerter ist, als der Justizrat, „weltmännisch über der Sache stehend“, nie gewillt war, „die Semnonen- und Lutizenfrage unter Drangebung vieljähriger Beziehungen durchzufechten. In Wahrheit interessierten ihn ... (ausgegrabene, R.F.) ‚Urnen‘ erst dann, wenn sie anfingen, die moderne Gestalt einer Bowle anzunehmen ... ein Feind aller Prozeßverhandlungen bei trockenem Munde, speziell in dem Prozeß ‚Lutizii contra Semnones‘“, hatte er „manche liebe Flasche ausgestochen ... Schon die Studentenzeit hatte beide Freunde, Mitte der siebziger Jahre, in Göttingen zusammengeführt, wo sie unter der ‚deutschen Eiche‘ Schwüre getauscht und, Klopstocksche Bardengesänge rezitierend, sich dem Vaterlande Hermanns und Thusneldas auf ewig geweiht hatten. Seidentopf war seinem Schwure treu geblieben. Wie damals in den Tagen jugendlicher Begeisterung erschien ihm auch heute noch der Rest der Welt als bloßer Rohstoff für die Durchführung germanisch-sittlicher Mission; Turgany aber hatte seine bei Punsch und Klopstock geleisteten Schwüre längst vergessen, schob alles auf den ersteren und gefiel sich darin, wenigsten scheinbar, den Apostel des Panslawismus zu machen ... ‚Immer ... kam die Verjüngung von den Ufern der Wolga, und wieder stehen wir‘“ – 1812/13 – „‚vor solchem Auffrischungsprozeß‘; halb scherz-, halb ernsthaft vorgetragene Paradoxien, die von Seidentopf einfach als politische

Ketzereien seines Freundes bezeichnet wurden", wobei er selbst „nicht halb so schwarz" war, wie er sich selber pan*germanisch* „malte. Er debattierte nur nach dem Prinzip von Stahl und Stein; hart gegen hart; das gab dann die Funken, die ihm wichtiger waren als die Sache selbst. Zudem wußte der panslawistische Justizrat, daß Streit und immer wieder in Frage gestellter Sieg längst ein Lebensbedürfnis Seidentopfs geworden waren, und gefiel sich deshalb in seiner Oppositionsrolle mehr noch aus Rücksicht gegen diesen als aus Rücksicht gegen sich selbst." (W 3; 87/8)

Justizrat Turgany wird von Fontane – ein halbes Selbstporträt – als Ausbund an Humanität geschildert, obwohl oder gerade weil „nicht viel besser als ein Heide". Othegraben, ein anderer geistlicher Freund, begegnet dieser Selbstcharakteristik Turganys mit den (uns großenteils bereits bekannten) Worten:

> „‚Sie nennen sich einen Heiden; ich habe meine Zweifel daran. Aber wie immer auch, Sie irren, wenn sie das Christentum ... als eng und befangen ansehen. Im Gegenteil, es ist frei. Und daß es diese Freiheit haben kann, ist im Zusammenhang mit dem tiefsten Punkte unseres Glaubens.' – Der Justizrat schien antworten zu wollen, Othegraben aber fuhr fort: ‚Wir sind alle in Sünde geboren, und was uns hält, ist nicht die eigene Kraft, sondern eine Kraft außer uns, rundheraus die Barmherzigkeit Gottes. Sie kennen unsere schöne Schildhornsage? Nun, wie mit dem Wendenfürsten Jaczko, so ist es mit uns allen: wir sinken unter in der schweren Rüstung unseres eiteln Ichs, unseres selbstischen Trotzes, wenn uns der Finger Gottes nicht nach oben zieht.' – Turgany nickte. ‚Sie werden mich nicht im Verdacht haben, Othegraben, für die Selbstgerechtigkeit der Menschen und für das Unkraut von Vorurteilen, das aus ihr sprießt, eine Lanze brechen zu wollen. Ich weiß seit langem, wie wenig es mit dem Stolz unserer Tugend auf sich hat, und wenn ich irgendeines Bibelwortes gedenke, so ist es das: „der hebe den ersten Stein auf sie" (R 3; 118/9): „L'Adultera" (R 2; 7ff.).

Man kann zweifellos auch klassisch-humanistisch formulieren, Turgany sei zutiefst überzeugt vom so fundamentalen wie banalen „Errare humanum est“[135], doch sollte man darüber das in unserem Zusammenhang Allentscheidende nicht übersehen: Freund Othegraben zieht, von Turgany unwidersprochen, den *Wenden*fürsten Jaczko als Muster aller Muster heran. Fontane erzählt die so aitiologische wie konversatorische Legende unter der Überschrift „Das Schildhorn bei Spandau“ (W 3; 401):

> „Brennibor (= Brandenburg) war endlich nach langer Belagerung von Albrecht dem Bären erstürmt und das Wendentum, seit langem von der Elbe zurückgedrängt, schien auch das Havelland nicht länger halten zu können. Aber Jaczko, der Wendenfürst, war wenigstens gewillt, die alten Sitze seiner Väter nicht ohne Schwertstreich aufzugeben, und noch einmal sammelte er die Seinen zum Kampf. Bei Spandau kam es zu einer letzten Schlacht. Jaczko unterlag, und hinfliehend am rechten Havelufer, von den siegestrunkenen Deutschen verfolgt, sah er kein anderes Heil mehr, als den Fluß und das jenseitige Ufer. Gegenüber dem jetzigen Schildhorn, wo die weit vorspringende Landzunge die Breite der Havel fast halbiert, gab er seinem Pferd die Sporen und setzte in den Fluß. Aber sein Pferd war matt und müde vom Kampf, und ehe es die rettende Landzunge erreicht hatte, empfand sein Reiter die schwindende Kraft des treuen Tiers. Da angesichts des Todes warf das Herz die alten Heidengötter von sich, und die Hand, die den Schild hielt, hoch gen Himmel erhebend, rief er den Gott der Christen an, ihm zu helfen in seiner Not. Da war es ihm, als faßte eine Hand den erhobenen Schild und hielte ihn mit leiser, aber sicherer Macht über dem Wasser; dem sinkenden Pferde kehrten die Kräfte zurück und der Vorsprung war erreicht. Jaczko hielt, was er gelobt, und wurde Christ. Seinen *Schild* aber, den der Finger Gottes berührt, ließ er dem Ort, wo das Wunder sich vollzogen hatte. Der Schild des Heiden war ihm zum Glaubensschild (Eph. 6,16; R.F.) geworden“ (W 3; 401) –

für Turgany und Fontane selbst zum Schild eines wiederum sehr „heidnischen“, sprich ‚human(istisch)en‘ Glaubens, was als

---

[135] Vgl. Cicero, Orationes Philippicae 12,2 sowie Seneca, Epistulae morales VI, 57, 12.

moderne Pointe der mittelalterlichen Bekehrungspointe gelten muß. Und – schließlich und endlich: Wer Humanismus sagt, der sagt *Universalismus*, bei voller Kenntnis und Achtung bestehender Differenzen.[136]

---

[136] Vgl. u.a. R. Faber, Grenzen(losigkeit) gestern und heute, in: ders. / B. Naumann (Hg.), Literatur der Grenze – Theorie der Grenze, Würzburg 1995, S. 9ff.

11. Preußisch-deutscher Nationalprotestantismus und völkisch-germanischer Neopaganismus

Für Michael Kohlstruck

„Mensch ist Mensch."[137] Oder: „... die Chinesen sind ... auch Menschen, und es wird wohl alles ebenso mit ihnen sein wie mit uns", wie in „Effi Briest" deren katholische Dienerin erklärt. Diese ist nicht zufällig dafür, daß „alles" lebt, und deshalb gegen das *Totschießen.* (R 4; 174 und 246) Fontane persönlich war kein Pazifist, ja, immer mal wieder Patriot und gerade auch in *Kriegs*zeiten.[138] Gleich dem alten Vitzewitz alias von der Marwitz im „Roman aus dem Winter 1812 auf 13" war ihm „Liebe zu Land und Heimat" eine bleibende Selbstverständlichkeit. (R 3; 216) Seine liebevollen Schilderungen der „Mark Brandenburg" sind mit Recht sprichwörtlich geworden, nur dass sie manches nicht erst später recht Kritische bei Fontane haben überlesen, wenn nicht überschlagen lassen.

Doch zunächst einmal: Fontane war auch ein überzeugter, obwohl gleichfalls nicht kritikloser *Preuße.* Als solcher vermochte er zeitweise sogar preußen*fromm* zu sein, nicht zuletzt im mehr monumentalen als antiquarischen Rückblick auf Freiheits- oder auch nur Befreiungskriege. Nicht verkennend, dass in ihnen nicht wenige Geistliche hinter vorgeschütztem „religiösen Zweck" einem „ekelhaften Servilismus und Fanatismus"

---

[137] Vgl. Th. Fontane, Briefe an Georg Friedlaender, S. 254.

[138] Vgl. nur ders., Der Schleswig-Holsteinische Krieg im Jahre 1864, Berlin 1866; Der Deutsche Krieg von 1866. Bde. 1–2. Berlin 1870–1871; Der Krieg gegen Frankreich 1870–1871. Bde. 1,1–2; 2,1–2. Berlin 1875–1876. – Letzteren Bänden gingen die bereits herangezogenen *belletristischen* Bücher „Kriegsgefangen" sowie „Aus den Tagen der Okkupation" voraus, auf die ich etwas näher eingehen möchte; vgl. meinen Exkurs II.

fronten (W 3; 638), lässt er seinen Prediger Seidentopf Weihnachten 1812 „aus einem *preußischen* Herzen" heraus verkünden – recht unweihnachtlich:

> „... Engel ... sende Gott zu allen Zeiten, vor allem dann, wenn die Nacht der Trübsal auf den Völkern läge. Und eine Nacht der Trübsal sei auch über dem Vaterlande; aber ehe wir es dächten, würde inmitten unseres Bangens der Engel erscheinen und uns zurufen: ‚Fürchtet euch nicht, siehe, ich verkündige euch große Freude.' Denn das Gericht des Herrn habe unsere (französischen) Feinde getroffen, und wie damals die Wasser zusammenschlugen und ‚bedeckten Wagen und Reiter und alle Macht des Pharao, dass nicht einer aus ihnen übrigblieb', so sei es (mit Napoleon in Russland, R.F.) wiederum geschehen." (R 3; 41/2)

Und nachdem der Krieg gegen Napoleon auch vom preußischen König wieder aufgenommen worden ist, lässt Fontane den von ihm äußerst sympathisch gezeichneten Seidentopf sogar von einem „*heiligen* Krieg" sprechen, der begonnen habe, einem Krieg freilich „voll Hoffnung" auf nicht zuletzt „*innerliche* Befreiung" (R 3; 592) – die enttäuscht werden sollte. Unbeschadet dessen vermochte, jedenfalls der mittlere Fontane, just in der Potsdamer Garnisons*kirche* nachwievor „das Symbol des Jüngstgeborenen im alten Europa, des Militärstaats *Preußen*" zu sehen (W 2; 395), ohne bei dieser Gelegenheit auch nur ansatzweise zur (Staats-)Kirchenkritik auszuholen. Beim *späten* Fontane findet sich die so nachdrückliche wie knappe Bemerkung, dass die „kosmopolitische Anschauung" gegenüber der preußischen die „superiorere Haltung" darstelle. (R 7; 579)

Fontane hat die von den preußischen Waffen unter vielen Rechtsbrüchen herbeigeführte kleindeutsche Nationalstaatsbildung uneingeschränkt begrüßt, den sich in ihrem Gefolge herausbildenden „Borussismus" aber je länger desto mehr abgelehnt, wie jeden anderen Chauvinismus auch[139], und gerade

---

[139] Vgl. Th. Fontane, Meine liebe Mete, S. 388 und ders., Briefe an Georg Friedlaender, S. 112. – Zum Stichwort „Borussismus", Fontanes Syn-

dann wenn er sich religiös auflud wie früh der nach- bis gegenrevolutionäre unter Napoleon. In „Vor dem Sturm“ ist von dessen „Götzendienst“ die Rede und davon, dass sein Gott ein eben „bloß ... französischer“ sei. (R 3; 60) Später mokiert sich Fontane, gemäß seiner Sentenz: „Dem Nationalen“ – jedem Nationalen – „haftet immer etwas Enges an“[140], über alle Versuche, den noch so christlichen „lieben Gott“ eine bestimmte Sprache allein oder auch bloß mit Vorzug sprechen zu lassen, handelt es sich nun um dänisch oder *preußisch*. (R 2; 734)

Inwieweit sich Fontane mit dem „ersten Brief“ seiner Eleonore an „Pastor H.“ identifiziert hat, ist aufgrund des Fragmentcharakters von „Eleonore“ unklar, doch belegt er zumindest, dass Fontane Kritiken wie die hier vorgetragenen kannte: dass „wir“ die „Feier der (katholischen, R.F.) Heiligen“ nur abgeschafft haben, um „die Feier großer Schlachtenspiele ... an ihre Stelle“ zu setzen. Das gründe „unser Leben auf etwas Falsches ... Es nationalisiert uns, aber es entchristlicht uns und auch die kirchlichen Feiern mit denen wir es begleiten, ändern nichts daran.“ (R 7; 343) – Mete jedenfalls hat Fontane außerdem geschrieben, ganz er selbst: „... wir befinden uns über so vieles in unsrem künstlerischen, politischen, ja auch wissenschaftlichen Leben (‚*deutsche* Wissenschaft‘; nieder mit jedem, der da nicht ehrfurchtsvoll erbebt) in einem so tiefen chauvinistischen Irrtum, dass es einem ordentlich wohltut, diese Dinge mal von einem freiren Geist beurteilt zu sehn“: von Guido Weiß in „einem famosen Feuilleton“ der *linksliberalen* „Frankfurter Zeitung“.[141]

Schließlich heißt es unter dem 12.9.1893: „Das Deutsche bemächtigt sich immer des Gröblichsten.“ Vor allem aber spricht Fontane bereits zehn Jahre früher und erneut gegenüber Tochter Mete von einem „dem Schönheitlichen und Ästheti-

---

onym für Deutschnationalismus, vgl. K. Attwood, Fontane und das Preußentum, Flensburg 2000, S. 216–21.

140 Th. Fontane, Meine liebe Mete, S. 445.

141 Ebd., S. 388.

schen entfremdeten Wesen des Germanen“[142], ohne Respekt vor dem den Kult für das Deutsch-Nationale negativ noch überholenden für das (Ur-)Germanische. – Kaum überraschend entgeht auch Fontanes Double Schmidt die „schreckliche Verwandtschaft zwischen Teutoburger Wald und Grobheit“ nicht; der Humanist à la lettre empfindet sie, obwohl „Urgermane“, mit fast britischem understatement als „doch mitunter störend“. (R 4; 354)

Ganz anders sein *emphatisch* germanistischer Kollege Privatdozent Dr. Felgentreu; dieser hat nicht nur „so viel Edda etc. gelesen, dass er mitunter in einen rhapsodischen Ton verfällt und in Alliterationen spricht. Er hat aus der Edda auch die Elementar-Anschauungen d.h. die Anschauungen von der Wirksamkeit des Elementaren auch in der Menschennatur herübergenommen, Pantheismus, Naturkultus.“ (R 7; 427/8) Und das unabhängig davon, dass noch Felgentreu eine „humoristische Ader“ hat und sich selbst zu „persiflieren“ versteht (R 7; 428); selbst die höchst weltgewandte femme fatale Ebba geht nicht ungern „Edda-Wege“ und gerade sie, deutlicher als der Stubengelehrte, mit vitalistischem *Überschwang*:

„Sie wird jeden Tag Dinge sagen und später auch wohl Dinge tun, die Seine Lordschaft frappieren, und vielleicht zündet sie mal die fünfzehn Millionen Tannen an und stellt bei der Gelegenheit sich und den Eheliebsten in die rechte Beleuchtung“, wie über Ebba gesagt wird. Sie selbst verlangt ausdrücklich die „großen erhabenen Rücksichtslosigkeiten“ einer phantasierten Urzeit zurück, im Protest gegen das „schwächlich Moderne“, welches sie – die ihren Nietzsche bzw. Brandes gelesen hat – mit „Décadence“ synonymisiert. (R 2; 795 und 756/7)

Deren Gegenteil wird, Pointe der Pointe, nicht nur mit der vorgeblich archaischen Edda in Verbindung gebracht, sondern mit dem „Nordischen“ allgemein, schon in geographischer und

---

[142] Ebd., S. 485 und 269.

klimatischer Hinsicht: „... am Rande des Todes hinzuschweben, ein Fehltritt, und die Tiefe hat uns für immer, das ist des Lebens höchster Reiz. Und dies Leben ist ein *Nordlands*leben. Wo das Eis beginnt, da hat das Herz seine höchste Flamme." (R 2; 755)

Dort, wo „Nordland"-Hymnen gesungen werden, ist „(Ultima) Thule" nicht fern und/oder die Edda-Heimat Island: „... was wäre ... die ganze germanisch-skandinavische Literatur, wenn wir den Snorre Sturleson, diesen Stolz der Isländer, nicht gehabt hätten? Was wäre es mit der Edda und vielem andren? Nichts wär' es damit" (R 2; 756 und 753) – wie schon die Grimms meinten und dann alle, die ihnen (mehr denn je) folgten.

Auch Fontane besaß seit seiner Kindheit in Swinemünde eine Vorliebe für nordische Sage und Meeresnatur[143] und hat sich deswegen ernsthaft mit germanischer Frühgeschichte beschäftigt, wie vor allem seine Ausführungen über den dann im großen Streitgespräch zwischen Seidentopf und Turgany in „Vor dem Sturm" eine so große Rolle spielenden „dreirädigen Thors- oder Odins-Wagen" (W 1; 195–97) belegen. Und auch ideologische Verirrungen in diesem Zusammenhang waren ihm zeitweise keineswegs fremd. Fontane selbst, nicht nur sein Seidentopf verstand die urgermanische Karte zu spielen:

> „Selbst der Aberglaube und die in ihm wurzelnden Gebräuche, Sitten und Volksweisen, die wohl dann und wann für wendische Überreste gehalten worden sind, lassen sich vielfach auf etwas *Urgermanisches* zurückführen, das, auch *vor* den Wenden schon, hier heimisch war. Mit Sicherheit lebt noch Alt-Deutsches in den Gemütern, und das Volk erzählt von Wodan und Fricke (= Freia) und von dem Hackelberger Jäger. Aber *Radegast* und *Czernebog* sind tot. Das Wendische ist weggewischt, untergegangen in dem *Stärkern*, in dem germanischen Leben und Gemüt" (W 2; 36).

So nachzulesen im fast sozialdarwinistischen *Schluss*absatz des so antiimperialistischen „Wanderungen"-Kapitels „Die Wenden

---

[143] Vgl. H. Nürnberger, a.a.O., S. 155.

in der Mark". Und damit nicht genug; noch am 17. Juli 1883 vermag Fontane seiner Frau Emilie zu schreiben: „Der niedersächsische Stamm: Altmärker, Halberstädter, Magdeburger, Hannoveraner, Braunschweiger, Westphalen, Schleswig-Holsteiner, Hanseaten, Oldenburger, Ostfriesen – ist allen andern Stämmen", einschließlich der „wendo-germanischen" Mischrasse der Mittel- und Neumark, „physisch und moralisch überlegen und es ist kein blos glücklicher Zufall sondern ein richtiges und erfreuliches Beispiel von Ursach und Wirkung, dass er die ganze Welt erobert hat", wie Fontane im Blick auf „die englisch-amerikanische Geschichte" diese Briefpassage beschließt.[144]

Des verstorbenen Kaisers Friedrich III. gedenkt er fünf Jahre später als „Balder, blond und leuchtend am Azur" (R 6; 577). Noch aus Anlass von Bismarcks Tod lässt Fontane „den Sachsen Widukind"[145] den, den er kurz zuvor als „genialen Kraftmeier im Sachsenwald" nicht unpolemisch charakterisiert hat[146], „in den Sachsenwald einladen ..., was genauso schauerlich schön ist wie das brennende Wikingerschiff, auf dem der Kladderadatsch Bismarck zu Wotan nach Walhalla entschweben ließ."[147]

So urteilt gerade auch der ausgesprochen borussophile, freilich antipagane Hans-Joachim Schoeps, der Fontanes ansonsten nicht geringe Vorbehalte gegen Bismarcks „unedle Natur"[148] sehr wohl kennt. Bei dessen Tod sei aber auch er wie so viele Zeitgenossen vom „nationalen Kitsch" ergriffen worden[149]; und nicht nur von ihm, sondern (ein letztes Mal) sogar

---

[144] Zit. nach M. Fleischer, „Kommen Sie, Cohn.", S. 205.

[145] H.-J. Schoeps, Bismarck über Zeitgenossen. Zeitgenossen über Bismarck, Frankfurt/M., Berlin 1972, S. 259.

[146] Th. Fontane, Briefe an Georg Friedlaender, S. 311.

[147] H.-J. Schoeps, a.a.O.

[148] Th. Fontane, Briefe an Georg Friedlaender, a.a.O., S. 311; vgl. schon ebd., S. 125.

[149] H.-J. Schoeps, a.a.O. – Fontane hat im Unterschied zu seinem subalternen Schulze nie geglaubt, dass Bismarck „immer recht" habe (R 7;

vom germanischen ‚Kontinuitäts'-Phantasma[150], über das Fontane sich doch längst hat lustig machen können. So wenn er (Mete gegenüber) „die Langobarden" pseudoetymologisch, ja kalauermäßig von der „Langen Börde... herstammen" lässt.[151]

Fontane war *an sich* über die Zeit hinaus, „wo man hierlandes, über das ‚wendische Interregnum' hinaus, alles auf Langobarden und Semnonentum zurückzuführen trachtete" (W 1; 593). Bereits in „Vor dem Sturm" wird der sympathische Prediger Seidentopf, was seine mehr Germanen- als Christen-Religion angeht, sanft, aber bestimmt der Lächerlichkeit anheim gegeben:

> „Innerhalb der Kirche ... ein Halber, ein Lauwarmer, hatte er sobald es sich um Urnen und Totentöpfe handelte, die Dogmenstrenge eines Großinquisitors. Er duldelte keine Kompromisse, und als erstes und letztes Resultat aller seiner Forschungen stand für ihn unwandelbar fest, dass die Mark Brandenburg nicht nur von Uranfang ein deutsches Land gewesen, sondern auch durch alle Jahrhunderte hin *geblieben* sei. Die wendische Invasion habe nur den Charakter einer Sturzwelle gehabt, durch die oberflächlich das eine oder andere geändert, dieser oder jener Name slawisiert worden sei. Aber nichts weiter. In der Bevölkerung, wie durch die Sagen von Fricke und Wotan bewiesen werde, habe deutsche Sitte und Sage fortgelebt; am wenigsten seien

---

507), doch vor allem was die nationale Einheit anging, galt eben auch ihm „diese Mischung von Übermensch und Schlauberger, von Staatengründer und Pferdestall-Steuerverweigerer" als „Werkzeug der göttlichen Vorsehung" (Meine liebe Mete, S. 498 und 490) – „rigorose Machtpolitik" hin oder her (vgl. G. Loster-Schneider, a.a.O., S. 158 und ausführlich S. 236–57).

[150] Vgl. O. Höfler, Das germanische Kontinuitätsproblem, Hamburg 1937; kritisch ihm gegenüber: E. Gajek, Germanenkunde und Nationalsozialismus. Zur Verflechtung von Wissenschaft und Politik am Beispiel Otto Höflers, in: R. Faber (Hg.), Politische Religion – religiöse Politik, Würzburg 1997, S. 173–203.

[151] Th. Fontane, Meine liebe Mete, S. 512; auch und nicht zuletzt hinzuweisen ist auf die Gedichte: „Auf der Kuppe der Müggelberge (Semnonen-Vision)" sowie „Veränderungen in der Mark (Anno 390 und 1890)", in: R 6; 353/4 und 356–68.

> die Wenden, wie so oft behauptet werde, in die Tiefen der Erde eingedrungen. Ihre sogenannten ‚Wendenkirchhöfe', ihre Totentöpfe niedrigeren Grades wolle er ihnen zugestehen, alles andere aber, was sich mit instinktiver Vermeidung des Oberflächlichen eingebohrt und eingegraben habe, alles , was zugleich Kultur und Kultus ausdrücke, sei so gewiss germanisch, wie Teut selber ein Deutscher gewesen sei." (R 3; 86)

Diese ironische Distanznahme von der Germanischen Kontinuitätsthese muss auch als Fontanesche Selbstkritik gelesen werden (speziell am oben zitierten Schlussabsatz des „Wanderungen"-Kapitels „Die Wenden in der Mark"). Schauen wir zusätzlich in „Effi Briest"; hier ist (Ur-)Germanisches wie Nordisches dem Hohen-Cremmener Lehrer Jahnke zugeordnet, der in ausgesprochen „intimer Stellung zu Herthasee, Skandinavien und Wisby" stünde, wie es spitz und – was die Aufzählung der ‚heiligen Orte' angeht – recht pietätlos heißt. Seine Töchter nennen sich selbstverständlich „Bertha und Hertha" – ihre Busenfreundin, die Hohen-Cremmener Pfarrerstochter, „Hulda" –, doch nicht nur der als blutig phantasierte „Herthadienst" am Rügener „Herthasee", „ganz vor Christum natum", sondern vor allem der mehr als latente Rassismus Jahnkes lässt, wenigstens rückblickend, des Schulmeisters Spinnereien als eben *blutige* erscheinen: Als Effi von ihrer dänischen Bekannten Thora von Penz erzählte, die „‚typisch skandinavisch' gewesen sei": „blauäugig, flachsen und immer in einer roten Plüschtaille", „verklärte" sich „Jahnke ... einmal über das andere" und sagte: „Ja, so sind sie (die Skandinavier: R.F.); rein germanisch, viel deutscher als die Deutschen" – obwohl ‚natürlich' auch die: „wir alle", von „reinen Germanen ... abstammen" sollen. (R 4; 280, 9/10, 210/11, 280, 217 und 280)

Zeitweise vermochte der sich seiner „romanischen Abstammung ... stolz" bewusste Fontane[152] selbst, völlig unironisch, von „unseren (germanischen, R.F.) Ururvätern" zu spre-

[152] Vgl. Th. Fontane, Jenseits von Havel und Spree, S. 197.

chen und von „tief im germanischen *Wesen* liegenden Zügen“ zu schwadronieren, doch nie ohne nicht gleichzeitig – dem „Racen*dünkel*“ entgegen – den „Mischungsbottich“ der „Mittelmark“ zu feiern: jene „*Misch*race“ insgesamt, „die jetzt die preußischen Provinzen bewohnt“. Immigrantensproß Fontane stand in der Regel auf Seiten Friedrichs II., der sich „*jeden* Zuzugs“ freute, „ohne nach der Racenabstammung zu fragen“, und nicht bei jenen „alten Bürgerfamilien“, die „in ihrer Abgeschlossenheit“ beharrten und „den Wendenkietz um kein Haarbreit besser“ betrachteten „als ein *jüdisches* Getto“. (W 1; 132 und W 2; 34/5)

12. Antijudaismus, Antisemitismus, Anti-Antisemitismus und Judäophilie

Für Elke-Vera Kotowski und Eva-Maria Ziege

Fontane versagte sich in der Mehrzahl der Fälle Sprüchen wie „Ihr Blut ist ihr Los“ oder: „... wie das Blut ist, ist auch die Seele“ (R 1; 153 und 129); aber eben nicht was „die Juden“ angeht: diese hätten „den Handel *im Blut* und das Geld und die Advokatenkniffe“ (R 7; 569), gegen welch gaunerhaften „Pferdefuß“ (R 5; 317) kein „Taufwasser“ ankommen würde[153]. Gerade persönlich war Fontane ohne Zweifel, bei allem aufrichtigen Humanismus im allgemeinen und Universalismus im besonderen, in den zeitgenössischen antisemitischen Diskurs verstrickt[154]: nicht ‚nur‘ in den antijudaistischen, sondern auch – falls man die Diskurse überhaupt trennen kann – in den dezidiert antisemitischen, dem mit *Wilhelm Marrs* „Der Sieg des Judenthums über das Germanenthum. Vom nicht confessionel-

---

[153] Mit „Taufwasser“ beziehe ich mich auf Fontanes berüchtigten Brief an Friedrich Paulsen vom 12. Mai 1898, auf den zurückzukommen ist. Vgl. aber schon einmal M. Fleischer, a.a.O., S. 209–16 und, was der Juden ‚Gaunerhaftigkeit‘ angeht, S. 125.

[154] Vgl. N. Mecklenburg, a.a.O., S. 97, sowie ders., „Alle Portugiesen sind eigentlich Juden.“ Zur Logik und Poetik der Präsentation von Fremden bei Fontane, in: K. Ehlich (Hg.), a.a.O., S. 99–101 und ausführlich: W. Benz, Antisemitismus als Zeitströmung am Ende des Jahrhunderts, sowie B. Balzer, „Zugegeben, dass es besser wäre, sie fehlten, oder wären anders, wie sie sind“ – Der selbstverständliche Antisemitismus Fontanes (beide Beiträge in: H. Delf von Wolzogen (Hg.), a.a.O., S. 157–68 bzw. S. 197–209), vor allem aber M. Fleischer, „Kommen Sie, Cohn.“, auf welches Standardwerk sich alle Vorgenannten und auch ich mich selbst positiv beziehen. (E. Beutel erwähnt Fleischers Buch nicht einmal, insofern freilich konsequent als er auf Fontanes Antisemitismus mit keinem einzigen Wort eingeht – ausgesprochen skandalös in einer Dissertation, die den Titel „Fontane und die Religion“ trägt.)

len Standpunkt aus betrachtet" von 1879 die „Rassenfrage" die „Hauptsache" ist , gegenüber „Glaubens-" (R 7; 396) bzw. „Kultur-Unterschied"[155].

Fontane der (in Briefen an Mete!) seinen „Antisemitismus" als etwas Bekanntes und Selbstverständliches voraussetzt, unterstellt eine generell „orientalische Frage", spezifiziert sie jedoch nur im Blick auf die Juden als „die semitische".[156] Eben dort, wo er, den die „‚Judenfrage' ... geradezu aufregt"[157], diese vor allem andern als „Rassenfrage" definiert, führt nicht mehr nur der private Briefschreiber, sondern der *Novellist* Fontane aus: „Rebecca oder Rahel oder Sarah" – der Name der entsprechenden jungen Frau wird im Fragment gebliebenen „Storch von Adebar" offen gelassen – „ist eine reizende kleine Person, heiter, liebenswürdig, aber prononciert jüdisch in ihrem *Profil*, vor allem auch in *Haltung* und *Bewegung* der Arme." (R 7; 396)

Dass selbst der Schriftsteller so zu formulieren vermag, der sich ansonsten mit antisemitischen Äußerungen vorsichtig zurückhält und es bei ironischen Anspielungen belässt, überrascht insofern nicht, als noch der Autobiograph überhaupt kein Problem hat mit einem Satz wie diesem: „Dass Wollheim ein schöner Mann gewesen wäre, wird sich nicht behaupten lassen, aber er besaß einen so echten und ausgesprochen semitischen *Rassenkopf*, dass er jedem, der ein Auge für derlei Dinge hatte, notwendig auffallen musste". Eine nicht unwesentliche Pointe dieser rassistischen Charakteristik ist, dass es sich bei Fontanes „Tunnel"-Kommmilitonen Wollheim um einen katholischen Konvertiten handelte, der nach Konvertitenart einen „Erzkatholizismus" vertrat – ohne dass der ihm (von jedermann) abgenommen worden wäre[158].

Es handelt sich dabei um ein typisch ‚jüdisches Schicksal', das hier kaum erwähnenswert wäre, wenn Fontane nicht auch

---

[155] Th. Fontane, Meine liebe Mete, S. 10.

[156] Ebd., S. 404 und 295/6.

[157] Th. Fontane, Sie hatte nur Liebe und Güte für mich, S. 269.

[158] Th. Fontane, Von Zwanzig bis Dreißig, S. 191.

die folgende Anekdote zum Besten gegeben hätte: An seine Ehrenpromotion hätten sich „allerhand kleine Feste“ angeschlossen. „Auf einem war auch Professor Lehfeldt. Ich sagte zu meinem Nachbar: ‚er sieht so sehr jüdisch aus‘, worauf der Nachbar antwortete: ‚ja; und doch ist er schon in der 6. Generation Christ; freilich, wenn so wenig dabei herauskommt, sollte man's (Taufen, R.F.) eigentlich lassen.‘“[159]

Die Pointe der Pointe besteht darin, dass der Adressat dieser Fontaneschen Anekdote niemand anderes als Freund Friedlaender gewesen ist, über den er Intima Mete anvertraut: „Gegen Friedlaender ist viel zu sagen, und Mama ... bemängelt eigentlich alles, demunerachtet muss ich froh sein, überhaupt einen Gesellschafter zu haben und schließlich, trotz alledem und alledem, auch einen so guten. Denn wenn ich meine Berliner Garde Revue passieren lasse, was habe ich denn da Besseres. Neben meinem Berliner Umgangsmaterial ist, auf Unterhaltlichkeit, Esprit und gute Einfälle angesehn, Friedlaender immer noch ein Gott. Wäre er nicht so kolossal kleinstietzig, könnte er über seine Nasenspitze wegsehn und irgendeine große Frage losgelöst vom eignen kleinen Ich betrachten, so wäre er ausgezeichnet. Er ist aber *ganz* Jude.“[160] Selbst oder gerade er, der aus einer seit langem christianisierten und voll assimilierten Familie stammt!

Verweilen wir zunächst jedoch beim mehr oder weniger Positiven in Fontanes Äußerungen über (die) Juden: bei den von ihm ausdrücklich so genannten „guten Judenseiten“. Allein nicht viel bedeuten müsste die Konstatierung „jener graziösen Haltung, der man bei den Semiten und Halbsemiten so oft begegnet“, zumal sie sofort ‚abgefedert‘ wird durch den Zusatz: „Oft freilich auch dem Gegenteil; das ist dann die O-Bein-Garde.“[161] Ebenfalls nicht allzu ins Gewicht fallend erscheint (wieder im „Storch von Adebar“) die Rede von einer „liebens-

---

[159] Th. Fontane, Briefe an Georg Friedlaender, S. 276.
[160] Th. Fontane, Meine liebe Mete, S. 504.
[161] Ebd., S. 429 und 513.

würdigen jüdischen Schwiegertochter" (R 7; 425), sie könnte ja bloß Anwendung des Allerweltssprichworts „Die Ausnahme bestätigt die Regel" sein. Schwerer abzutun ist aber diese Passage eines an *Mete* gerichteten Briefes: „Vorgestern hatten wir das herkömmliche Goldschmidtsche Diner ..., nur statt Rosenthals (Saint Cères): einige Friedebergs, Liebermanns und Magnus. Alle schwerreich, alle sehr liebenswürdig und sehr versiert. Das heißt, sie kannten ‚alles'. Mir fiel wieder mein Cohn-Gedicht ein."[162]

In diesem mit „An meinem Fünfundsiebzigsten Geburtstag" überschriebenen Gedicht hatte Fontane deutlich zum Ausdruck gebracht, dass die „Hundert Briefe", die ihn an seinem „Jubeltag" – „vor Freude wie benommen" – erreichten, nicht von den märkischen Junkern stammten, bei denen er spätestens seit „Irrungen, Wirrungen" auf dem Index stand, sondern von „sehr andren Namen": „Auch ‚sans peur et reproche', ohne Furcht und Tadel,/ Aber fast schon von prähistorischem Adel:/ ... / Abram, Isack, Israel,/ Alle Patriarchen sind zur Stell', / Stellen mich freundlich an ihre Spitze,/ Was sollen mir da noch die Itzenplitze!/ Jedem bin ich was gewesen,/ Alle haben sie mich gelesen,/ Alle kannten mich lange schon,/ Und das ist die Hauptsache ..., ‚kommen Sie, Cohn'." (R 6; 341)

Kurz und bündig: Fontane hat weit vor allen andern bei den „Cohns" reüssiert; nur sie – nicht wenige von ihnen – „kannten ‚alles'"[163], und über das Seine hinaus. Nicht, dass jeder der „Cohns" ein Max Liebermann gewesen wäre: „ein ebenso ... kluger" wie „liebenswürdiger ... Mann"[164], doch war dieser nur

---

[162] Ebd., S. 506.

[163] Ebd. – D. Aschenbrenner formuliert so nüchtern wie informativ, Fontanes Leser seien „in der Mehrzahl gebildete Juden aus Finanz- und freien Berufen" gewesen, „die Stammkunden der Berliner Buchhandlungen waren und eifrige Besucher der Berliner Theater, die an hohen jüdischen Feiertagen immer vor halbleerem Haus spielten." (Fontane und seine literarische Konkurrenz im Kaiserreich, in: Jahrbuch für Brandenburgische Landesgeschichte 55 (Berlin 2004), S. 141).

[164] Th. Fontane, Meine liebe Mete S. 516.

primus unter den pares: Wilhelm Hertz (Fontanes Verleger), Julius Rodenberg (dem „Rundschau"-Redakteur) und last not least Georg Friedlaender (einem Amtsgerichtrat), mit denen und wenigen anderen „feinen Juden"[165] Preußen-Deutschlands überragender Schriftsteller mit Vorzug verkehrte: schriftlich wie mündlich.

Noch über Friedlaenders Freund, den Quirler Dorfschulmeister Karl Johann Bergel, dessen Art „Judengeist" er wenig schätze, vermochte Fontane dem gemeinsamen Freund zu schreiben: „Er hat Bildung, Kenntniß, Glätte und eine dialektische Form, die ihm eine Ueberlegenheit sichert. Er vertritt, wenn auch nur auf seine Nachahme-Weise, das ‚Höhere', von dem die Andern nur mal gehört haben, dass es existirt."[166]

Dass Bergel „ein überzeugter Christ" geworden war[167], erwähne ich nur en passant, worauf es im weiteren und überhaupt ankommt, ist Fontanes sich immer wieder bemerkbar machende Relativierung seiner eben nur *partiellen* Judäophilie[168], wenn diese seinen Antisemitismus auch einzuschränken vermochte, etwa in folgender Briefpassage: „Immer wieder erschrecke ich vor der totalen ‚Verjüdelung' der sogenannten ‚heiligsten Güter der Nation', um dann im selben Augenblick ein Dankgebet zu sprechen, dass die Juden überhaupt da sind. Wie sähe es aus, wenn die Pflege der ‚heiligsten Güter' auf den Adel deutscher Nation angewiesen wäre. Fuchsjagd, getünchte Kirche, Sonntagnachmittagspredigt und jeu."[169]

Schon acht Jahre früher, gleichfalls in einem Brief an Mete heißt es: „Judengesellschaften sind nicht mein Ideal, und eine

165 Th. Fontane, Sie hatte nur Liebe und Güte für mich, S. 299.

166 Th. Fontane, Briefe an Georg Friedlaender, S. 295.

167 Ebd., S. 346.

168 Zu Sinn und Bedeutung dieses Begriffs vgl. C.-E. Bärsch, Antijudaismus oder Antisemitismus/Philojudaismus oder Philosemitismus – Adäquate Begriffe?, In: I.A. Diekmann/E.-V. Kotowski (Hg.), Geliebter Feind – gehasster Freund. Antisemitismus und Philosemitismus in Geschichte und Gegenwart, Berlin 2009, S. 167–87.

169 Th. Fontane, Meine liebe Mete, S. 539.

feine, glücklich komponierte Christengesellschaft ist mir viel lieber. Aber solche glücklich zusammengesetzte Christengesellschaft ist sehr selten zu finden. Nimm Zöllners letzte Gesellschaft – und die Zöllnerschen Gesellschaften sind gut-mittel –, ... so muss ich mit Trauer gestehn, dass das alles an Bildung, Angeregtheit, Interesse hinter solcher Judengesellschaft zurückbleibt. Unter Tränen wachse ich immer mehr aus meinem Antisemitismus heraus, nicht weil ich will, sondern weil ich muss."[170]

Fontane spricht von einem sich stetig einstellenden „Schuldgefühl" beim Zusammentreffen mit jüdischen „Kulturträgern", „dass man Gott schließlich danken muss, dem Berliner (tendenziell ‚verbrecherischen', R.F.) Judentum in die Hände gefallen zu sein".[171] „Die Juden haben doch wenigstens eine Nase und einen guten Schneider, namentlich Schneiderin", wie Fontane nicht weniger fundamental als banal seine unverschämte Feststellung resümiert, dass man auf „die vielen Juden ... noch viel böser sein würde, wenn man nicht schmerzlich empfände, dass das christliche Element in seiner Poplichkeit noch tief drunter stünde": „Neunzehntel waren Juden und das letzte Zehntel oft so schwach ausgestattet – an Toilette gewiss und meist auch an Physiognomieen – dass ich mehr als einmal zu meiner Frau gesagt habe: ‚schade, dass das 10. Zehntel nicht auch Juden sind.'"[172]

Keine Frage, noch Fontanes partieller Philosemitismus ist, als solcher[173], nicht frei von Antisemitismus, auf dessen *massive* Äußerungen ich zurückkommen muss, seien sie nun rassistisch oder nicht. Keine Rolle kann bei ihnen zunächst auch spielen,

---

[170] Ebd., S. 404.

[171] Ebd., S. 508.

[172] Th. Fontane, Briefe an Georg Friedlaender, S. 131 und 111.

[173] Zur Problematik von „Philosemitismus" generell vgl. den oben bereits erwähnten Sammelband „Geliebter Feind – gehasster Freund" im ganzen und, was Fontane speziell angeht, W. Paulsen, Theodor Fontane. The Philosemitic Antisemitic, in: ders., Der Dichter und sein Werk von Wieland bis Christa Wolf, Frankfurt/M. u.a. 1993, S. 267–90.

dass die ‚Radauantisemiten' à la Hermann Ahlwardt, von denen sich Fontane – Friedlaender gegenüber – gern absetzt, „noch toller" als „die ... Sorte" Juden alias Semiten seien, „worauf die Antisemiten" mit Vorzug „einsetzen"[174]. Was wäre (diesseits oder jenseits des Rassismus) anitisemitischer als Fontanes Behauptung: „... die *eigentlichen* antisemitischen Prediger sind sie selbst"! „Die Phrase vom ‚unterdrückten Volk' existiert immer noch", wie er fortfährt; „dabei lassen sie aber alle Welt nach ihrer Pfeife tanzen, und selbst die Kaftan-Juden mit der Hängelocke, die hier Weg und Steg unsicher machen, tragen etwas von Trotz und Übermut zur Schau."[175]

„Hier" ist kaum nur Karlsbad, aus welch internationalem Badeort Fontane seinen zuletzt zitierten Brief schreibt. Nicht nur dort „wird einem (angeblich, R.F.) klar, die Spree hat nicht Wasser genug, den galizisch-wolhynischen Urbestand rein zu waschen." Ihr Hauptort Berlin selbst kann von Fontane schlicht als „Judenstadt" bezeichnet werden. Jedenfalls wachse „die Verjüdelung ... rapide; von dem Augenblick an, wo man sich's klar gemacht haben wird, ‚ja, hier wohnen (etwa wie dicht beim [Berliner] Luther-Denkmal) eigentlich lauter Juden' – von dem Augenblick an wird sich das christliche Gemüt beruhigt haben; der Spieß hat sich dann bloß umgedreht, und wir sind nur noch die Gäste."[176]

Damit aber nicht genug, verzichtet Fontane doch auch auf das antisemitische Stereotyp vom ‚*Welt*judentum' keineswegs: „Liest man die Badeliste durch, so findet man, dass bis auf Australien, Uruguay, Buenos Aires und Kapstadt alle Länder und Nationen hier vertreten sind, bei näherer Untersuchung (glücklicherweise nur der Namen), findet man aber freilich, dass sie

---

[174] Th. Fontane, Briefe an Georg Friedlaender S. 277.

[175] Th. Fontane, Meine liebe Mete, S. 469. – Die Formulierung „nach ihrer Pfeife tanzen (lassen)" hat Fontane aus Marrs oben bereits erwähnter Schrift „Der Sieg des Judenthums über das Germanenthum" affirmativ übernommen.

[176] Th. Fontane, Meine liebe Mete, S. 482, 473 und 512.

alle gleichmäßig aus Jerusalem stammen und sich God save the Queen und Yankee-doodle nur vorspielen lassen, um auf die Weise fremde Nationalität zu heucheln."[177]

Dass Fontane sich „Judennamen" zwecks Stigmatisierung ihrer Träger bedient[178], halte ich nur fest, bei der Juden angeblichen Vaterlandlosigkeit verweile ich jedoch und Fontanes reflexartigen Vorurteils in der Dreyfus-Affäre wegen: „Ich war anfangs ... ganz Zola, halte auch jetzt noch das ganze Prozeßverfahren (von Dreyfus angerechnet) für einen Skandal, kann mich aber doch der Thatsache nicht verschließen, dass Zola, Piquart, Labori das Maul furchtbar aufgerissen und bei Gott und allen Heiligen geschworen, aber *bis jetzt* gar nichts bewiesen haben. Glückt ihnen das auch nachträglich nicht, so bezeichnet der Zolaprozeß eine der schwersten Niederlagen, die das moderne Judenthum erlitten hat. Auch das ist schrecklich, freilich nur nach der andern Seite, dass wir uns in diesem Prozeß, mit Ausnahme Frankreichs selbst, einer vollkommenen Preßverschwörung gegenüberbefunden haben; die europäische Presse ist eine große Judenmacht, die es versucht hat, der gesammten Welt *ihre* Meinung aufzuzwingen. In dem Gelingen oder Misslingen dieses großen Versuchs liegt die wahre Bedeutung des Zola-Prozesses, weit über Zola und Dreyfus hinaus."[179]

Hier spricht nicht zuletzt der judenfeindliche, weil von Neid zerfressene Intellektuelle bzw. (ehemalige) Journalist, der

---

[177] Ebd., S. 468. – In einem Brief an die andere Vertraute, Mathilde von Rohr, spricht Fontane übrigens ausdrücklich, nicht von Weltjudentum, jedoch von „Weltjudenschaft" (Sie hatte nur Liebe und Güte für mich, S. 316). Später, im Gedicht „Entschuldigung" ist sogar von der globalen Herrschaft dieses „Weltgeschlechts" (aufgrund seines „Geldes") die Rede (R 6; 818).

[178] Vgl. D. Bering, Der Name als Stigma. Antisemitismus im deutschen Alltag 1812–1933, Stuttgart 1992, sowie ders., Kampf um Namen. Bernhard Weiß gegen Joseph Goebbels, Stuttgart 1991, vor allem aber H. O. Horch, Von Cohn zu Isidor. Jüdische Namen und antijüdische Namenspolemik bei Theodor Fontane, in: H. Delf von Wolzogen (Hg.), a.a.O., S. 169–81.

[179] Th. Fontane, Briefe an Georg Friedlaender, S. 320.

die wenigstens ‚Jüdische *Europa*verschwörung' als die der ‚jüdisch beherrschten' europäischen Presse phantasiert. Noch vor dem Stereotyp von „Judenblättern" und ihrem „Judenbengelgebaren"[180], über es hinaus, macht dabei Fontanes *‚verfolgende* Unschuld' betroffen, die die Machtverhältnisse, nicht nur was die Presse angeht, völlig auf den Kopf stellt: nämlich aus Verfolgten Verfolger macht, im mit Eugen Dühring und Richard Wagner geteilten Wahn, dass ‚wir' uns „von ihnen": den Juden, „zu emanzipieren" hätten. (R 7; 406[181]) Und bis dahin, endlich „juden*los*" zu sein, gelte doch generell: „Die Menschen sind Pack und die verjüdelte Menschheit ist es siebenfach."[182]

Fontane ruft sich immer mal wieder zur Ordnung (nicht ohne zu beklagen, dass er seinen Antisemitismus zu unterdrücken gezwungen sei[183]): „Berlin wimmelt von Russen, Australiern, Kaliforniern, und Illinois-men, auch viele ‚Franzosen' sind da – alle hier aufgezählten sind aber Juden. Und dabei darf man nicht mal Antisemit sein, *weil das wieder zu dumm und zu roh sein würde.*"[184] „Die Judenfeindschaft ist, von allem Moralischen abgesehn, ein Unsinn, sie ist einfach undurchführbar ... Es giebt kein andres Mittel als Stillhalten und sich mit der allmäligen Christianisirung zufrieden zu geben. Es ist uns gleichgültig ob der Ahnherr des alten Blücher ein Wendenfürst war und so kann es uns auch gleichgültig sein, ob die zukünftigen Schlachten an der Katzbach von einem Abkömmling Mosse's oder seines Chefredakteurs Loewisohn geschlagen werden"[185] (die hier und heute nicht einmal Offizier werden dürfen ...).

---

180 Th. Fontane, Meine liebe Mete, S. 439 und 327.

181 „Verfolgende Unschuld" ist eine Wortprägung von Karl Kraus und findet sich in dessen „Dritter Walpurgisnacht".

182 Th. Fontane, Meine liebe Mete, S. 526 und 439.

183 „Am liebsten hätte Fontane seinem Ärger Luft gemacht und seinem Antisemitismus freien Lauf gelassen. Doch er hielt sich zurück, um nicht öffentlich als Antisemit zu gelten und dadurch Nachteile zu haben." (M. Fleischer, a.a.O., S. 167)

184 Th. Fontane, Meine liebe Mete, S. 529.

185 Th. Fontane, Briefe an Georg Friedlaender, S. 197/8.

Die (latente Zwangs-)Christianisierung auf sich beruhen lassend, war es vielleicht gerade Fontanes *an sich* nicht unrespektable Überzeugung von der „Unmöglichkeit eines Sieges der antisemitischen Bewegung"[186], die ihn schon dreizehn Jahre vor ihrer Artikulation Intima von Rohr schreiben ließ, er habe „so sehr das Gefühl ihrer" – der Juden – „Schuld, ihres grenzenlosen Übermuts, dass ich ihnen eine ernste Niederlage nicht bloß gönne, sondern wünsche. Und das steht mir fest, wenn sie sie jetzt *nicht* erleiden und sich auch nicht ändern, so bricht in Zeiten, die wir beide freilich nicht mehr erleben werden, eine schwere Heimsuchung über sie herein."[187]

Das wagt am 1.12.1880, im ersten Jahr des Antisemitismusstreits, einer zu schreiben, der „von Kindesbeinen an ein Judenfreund" gewesen sein will, jedenfalls zu Protokoll gibt, „persönlich nur Gutes von den Juden erfahren" zu haben.[188] Fontanes Einstellung gegenüber den Juden war, kaum atypisch, von tiefster Ambivalenz: „Ich hätte nie geglaubt, dass es soviel Juden in der Welt überhaupt gibt, wie hier (in Karlsbad, R.F.) auf einem Hümpel versammelt sind. Und dabei soll es in Heringsdorf noch mehr geben! ‚Nicht zu denken, gedacht zu werden', hieß es früher immer im Kladderadatsch. Ich halte soviel von den Juden und weiß, was wir ihnen schulden, wobei ich das Geld noch nicht mal in Rechnung stelle; aber was zu toll ist, ist zu toll; es hat etwas – auch vom Judenstandpunkt aus angesehn – geradezu Ängstliches"[189]: ‚Beängstigendes' ...

Davon angesehen, dass „die Antisemiten ... noch toller" sein sollen als die, die sie angeblich dazu machen[190], wie hätte sich Fontane im Fall völliger ‚Tollheit' und der auf sie vorgeblich nur reagierenden Über-Tollheit: bei der von ihm fast gewünschten „Heimsuchung" der Juden verhalten, die ja über

186 Ebd., S. 216.
187 Th. Fontane, Sie hatte nur Liebe und Güte für mich, S. 269.
188 Ebd.
189 Th. Fontane, Meine liebe Mete, S. 466.
190 Th. Fontane, Briefe an Georg Friedlaender, S. 277.

jedes vorstellbare Maß hinaus eingetreten *ist*? Eine müßige, ja absurde Frage. Dennoch darf man sie im Hinterkopf behalten, wenn man beim mittleren, noch nicht antisemitischen Fontane die folgende, jüdischem Leid gegenüber außerordentlich einfühlsame Geschichtserzählung liest:

> „Kuno Hartwig (von Quitzow, mit dem Zunamen der „Judenklemmer") stand eines Tages selbst am Schlagbaum, als ein alter Jude mit seiner Tochter heranschritt. Der Wächter forderte zwei Gulden Weggeld und wies, als der Jude sich weigerte, zu Kuno Hartwig hinüber und sagte: ‚Wollt Ihr es anders, so wendet Euch an den Herrn da.' Da neigte sich der alte Jude vor dem Ritter und bat ihn, ihm das Zollgeld erlassen zu wollen: ‚Ich bin kein Kaufmann, ich bin der Rabbi von Stendal und diente den wenigen aus meinem Volk, die, trotz des Kurfürsten hartem Gebot, in der Stadt, die sie nährte, zurückgeblieben waren. Jetzt sind auch die letzten von meiner Gemeinde fort und ich will ihnen nachziehen.'
>
> Der Quitzow aber, als er solches vernahm, höhnte nur und schrie: ‚Verrückter du, der du den Kurfürsten betrogen hast! Gebot er nicht allen Juden, aus Stendal zu weichen? Und du hast es gewagt, dazubleiben und weiter zu lehren in eurer schändlichen Weise. Gut, dass ich selber hier bin, dich zu fangen. Ich werde dich zu dem Herrn Kurfürsten schicken und der soll über dich richten lassen.'
>
> Da fiel der Jude vor dem Scheltenden auf die Knie, der denn auch versprach, ihn frei ziehen lassen zu wollen, wenn er hundert Gulden zahle. Sonst müsse er in die ‚Klemme'.
>
> ‚Herr ich besitze nichts als Brot der Trübsal, das meine Tochter im Tuch von Stendal mitgenommen hat. Bis Dömitz gedachten wir heute zu kommen. Da warten unserer etliche aus dem Volke.'
>
> Quitzow sann eine Weile nach und sagte dann, während er sich an des Juden Tochter wandte: ‚Lauf, Dirne, lauf schnell und sage deinen Leuten in Dömitz, dass sie deinen Vater mit hundert Goldgulden von meinem Stuhle herunterholen sollen. Es sind sicher dort einige, die meinen Stuhl vom Hörensagen kennen oder wohl gar

aus Erfahrung und schon auf ihm gesessen haben. Sie werden gerne zahlen, auf dass ihnen der Rabbi nicht verlorengeht.‘

Und damit trieb er das Mädchen auf Dömitz zu, während er den Rabbi nach dem Turm schleppte.

Da saß nun der alte Rabbi von Morgen bis Abend und als Quitzow kam und nachsah, vernahm er nur wie der Alte betete: ‚An den Wassern zu Babel saßen wir und weineten, wenn wir an Zion gedachten.‘ Und als er das hörte, wurde dem Quitzow unheimlich und ein Zittern befiel ihn und er stieg, so rasch er konnte, die Leiter wieder hinab, von der aus er den alten Juden beobachtet hatte.

Tags darauf kam er wieder und hörte wieder das Singen und Beten und als am dritten Tage die Judentochter noch immer nicht da war, befiel den Quitzow ein ihm sonst fremder und wachsender Schrecken und er beschloß einen Wagen an schirren und den alten Juden bis Dömitz hinfahren zu lassen. Im Augenblick aber, als er den Befehl dazu gab, trat die Judentochter wieder ins Schloßtor, mit ihr zwölf hebräische Männer, und die Tochter hielt dem Quitzow die hundert Goldgulden entgegen. In seiner Angst aber wies er das Geld ab und nahm seinen Weg nach dem Turm hin und stieg die Leiter hinauf, um jetzt den Alten von seinem Stuhl herabzunehmen. Als er aber auf der obersten Sprosse war, vernahm er drinnen in der Turmstube die Worte: ‚Höre, Israel, der Herr unser Gott allein ist Gott‘ und als Kuno Hartwig bei diesen Worten von der Leiter her abwärts blickte, nahm er wahr, dass die Juden, die mit ihm zugleich in den Turmflur eingetreten waren, auf die Diele niederknieten und den Gesang ihres Rabbi beantworteten. Und nun öffnete Quitzow die Tür und sah den Alten, dessen Augen ihn anfunkelten. ‚Ich, der Herr dein Gott, bin ein eifriger Gott, der da heimsuchet der Väter Missetat an den Kindern ...‘

Bis dahin kam der Sterbende.

Dann lösten ein paar herbeigerufene Knechte die Leiche des Rabbi aus der Klemme und übergaben sie den Juden, die nun wehklagend ihren Heimzug nach Dömitz hin antraten. Die hundert Goldgulden aber

> hatte die Tochter dem Quitzow vor die Füße geschleudert.
>
> Quitzow winkte seinen Leuten, dass sie das Geld für sich nähmen. Er selbst aber ließ keinen Juden mehr in die Klemme setzen und nahm keinen Wegezoll mehr." (W 3; 93–6)

Er hatte erfahren, um Fontanes seiner Erzählung vorangesetztes ‚Merke', wie nicht nur bei Johann Peter Hebel üblich, ihr folgen zu lassen, „dass ein höchster Herr und gerechter Richter walte, der uns, auch im Gelingen unserer *Missetat*, oft noch zu treffen und heimzusuchen weiß." (W 3; 94) Oder: „Es ist nichts so fein gesponnen, 's kommt doch alles an die Sonnen", mit welcher ‚Spruchweisheit' Fontanes Kriminalgeschichte „Unterm Birnbaum" schließt (R 1; 554) *und* ein der von ihm so hochgeschätzten Grimmschen Märchen *überschrieben* ist: „Die klare Sonne bringt's an den Tag"[191]: ein außerordentlich judenfreundliches Märchen der ansonsten gleichfalls nicht wenig antisemitischen (und neogermanischen) Erzähler par excellence[192].

Wie stellte sich Fontanes höchst ambivalente Einstellung den Juden gegenüber sub specie *Christianismi* dar, unabhängig von seiner früheren Einsicht, dass es „Untaten" gibt, „über die *kein* Gras wächst"[193]? Dass eine solch ambivalente Einstellung bei dezidiertem Christentum – das nie das seine gewesen – ins Krankhafte reichen, mindestens Krankheits*symptom* sein

---

[191] Grimms Kinder- und Hausmärchen. Zweiter Band, München 1996, S. 240–42; sekundär: R. Faber, „Sagen lassen sich die Menschen nichts, aber erzählen lassen sie sich alles." Über Grimm-Hebelsche Erzählung, Moral und Utopie in Benjaminscher Perspektive, Würzburg 2002, S. 65/6 und 147/8.

[192] Vgl. R. Faber, a.a.O., Exkurs I (S. 131ff.).

[193] So J.P. Hebel zum Ende seiner Erzählung „Der Husar in Neiße", in: ders., Werke 1. Erzählungen des Rheinländischen Hausfreundes. Vermischte Schriften, Frankfurt/M. 1968, S. 95–7. J.W. Storck hat mit diesem hebelschen „Merke", der Shoah gedenkend, seinen Aufsatz „Johann Peter Hebel und die Emanzipation der Juden" beschlossen, in: Johann Peter Hebel. Eine Wiederbegegnung zu seinem 225. Geburtstag. Eine Ausstellung der Badischen Landesbibliothek Karlsruhe und des Museums am Burghof in Lörrach, Karlsruhe 1985, S. 154.

konnte, wusste Fontane genau. So, wenn er vom alt gewordenen Storch von Adebar schreibt: „Er lobte seine (jüdische) Schwiegertochter, lobte selbst das Jüdische (als solches), dann besann er sich (aber, R.F.) plötzlich und wurde wieder ... christlich und sprach von dem Gekreuzigten. Und so ging es und wurd immer schlimmer" mit dem ‚Konfusionarius'. (R 7; 397/8)

Die antijudaistische Predigt „des Gekreuzigten" *gegen* „das (jüdische) Gesetz", ein, wenn nicht *der* Grundtopos vor allem (alt-)lutherischen, sich als paulinisch missverstehenden Christentums: Fontane ruft ihn mit der ihm eigenen, fast spielerischen Leichtigkeit ins Gedächtnis. Umso leichter freilich, als auch ihm selbst die noch viel antijudaistischere Stereotype von der Bekehrung des „Saulus" zum „Paulus" unhinterfragte Selbstevidenz besitzt[194].

Mete allerdings kann, kaum ohne primäre Belehrung durch Vater Fontane, gegebenenfalls darauf insistieren, dass ein Herr Hauptmann z.B. „von Adam abstamme, möglicherweise auch von Juden, und dass Christus jedenfalls ein Jude gewesen sei und man in der ersten Zeit nicht gewusst habe, ob man nicht die Heiden, die sich wollten taufen lassen, durch das Vorstadium des Judentums müsse gehen lassen."[195] Für seine Zeit freilich ist Fontane die jüdisch-christliche Kontinuität oder auch nur jüdische Präparation des Christentums nicht mehr durchgängig präsent. Hier völlig dem evangelisch-theologischen, auch liberalen Mainstream folgend, fällt es ihm allzu leicht, das „Liebet eure Feinde!" dem ‚alttestamentarischen' „Aug' um Auge und Zahn um Zahn" (R 1; 134) kontradiktorisch entgegenzusetzen

---

[194] Vgl. nur Th. Fontane, Meine liebe Mete, S. 496; kritisch gegenüber dem antijudaistischen Topos „Vom Saulus zum Paulus": P. von der Osten-Sacken, Vom Saulus zum Paulus? Gestalt und Weg des Apostels, sowie M. Leutzsch, Paulus in der jüdischen Kultur und Theologie der Moderne; beide Aufsätze in: Sung-Hee Lee-Linke (Hg.), Paulus der Jude. Seine Stellung im christlich-jüdischen Dialog heute, Frankfurt/M. 2005, S. 9 ff bzw. 89ff.

[195] Th. Fontane, Meine liebe Mete, S. 150.

(nicht ohne die Feindesliebe gerade den Juden gegenüber zu suspendieren).[196]

Noch sein Lorenzen formuliert (aus Anlass seiner „Santo"-Würdigung) ohne ‚Wenn' und ‚Aber', in dieser Hinsicht Stöckerianer *geblieben*: „Die Zehn Gebote, das war der Alte Bund; der Neue Bund aber hat ein andres, ein einziges Gebot, und das klingt aus in: ‚Und du hättest der Liebe nicht ...'". Zugleich aber ist Lorenzen derjenige, der dem alten Stechlin nachdrücklich bestätigt, dass die altestamentliche Polemik gegen „den Tanz um das Goldene Kalb" (2. Mose 32) eine „sehr feine Sache" ist (R 5; 158 und 180), und nicht aus (primär) *juden*feindlichen Gründen.[197] In „Storch von Adebar" entlarvt Fontane sogar ausdrücklich die übliche Doppelstigmatisierung der Juden: ihre uralte *und* neue Anbetung des Goldenen Kalbs[198], als blanke Heuchelei – wir heute würden von ‚Projektion' sprechen:

Cesarine hasst angeblich „den Götzendienst vor dem goldenen Kalbe" so sehr, dass sie „den Judengott – er ist das Geld an sich, die Beugung vor dem Golde, bloß weil es Gold ist" – , also „Jehovas" Volk gleich mithassen muss, doch nur um unter Berufung auf die *neutestamentliche* Stelle Luk. 19,12–27 für sich selbst zu beanspruchen: „... das Pfund wenn es da ist, es soll nicht vergraben werden, es soll Zins und Wucher tragen wie der

[196] Zum theologiegeschichtlichen Kontext vgl. M. Leutzsch, Nächstenliebe als Antisemitismus? Zu einem Problem der christlich-jüdischen Beziehung, in: E.W. Stegemann/K. Wengst (Hg.), „Eine Grenze hast Du gesetzt". Edna Brocke zum 60. Geburtstag, Stuttgart 2003, S. 77–95.

[197] In seltenen Fällen kann Fontane seine frühere Überzeugung, dass „die Anbetung des goldnen Kalbs ... Zeitkrankheit" ist, „die überall zu finden" („Aus den Tagen der Okkupation", S. 382), durchaus reaktivieren.

[198] Vgl. D. Aschenbrenner, „In der Mark ist alles Geldfrage". Altpreußische Tugenden und neuer Reichtum in Fontanes realer und fiktiver Welt, in: Jahrbuch für Brandenburgische Landesgeschichte. Bd. 54 (Berlin 2003), S. 183.

Apostel sagt und uns die himmlischen Wohnungen vorbereiten.“ (R 7; 406/7[199])

In einem Brief an Friedlaender schreibt Fontane zusätzlich, sich *positiv* auf das alttestamentliche Judentum berufend: „Wie die alten Juden den Bal-Dienst nicht sehen mochten, so geht es mir mit dem modernen Unwesen, das mich mit einem gewissen Schauder erfüllt.“[200] Mehr als das: Wie wir bereits gehört haben, erscheinen ihm prophetische Weisungen ebenso aktuell wie human und der Dekalog als nach wie vor gültig, prinzipiell jedenfalls. Dass er dabei schon einmal das Gebot der Elternliebe zusammen mit dem „Knigge“ aufzurufen vermag, kann in seinem Fall bloß als Bestätigung dessen aufgefasst werden: „... zuletzt hat sich (Sohn, R.F.) Friedel zu einem etwas fabelhaften Brief verstiegen, der weder vom 4. Gebot noch Knigges Umgang mit Menschen eingegeben war.“[201]

Nur hindert Fontane auch solches Schreiben nicht an einer exemplarisch antijudaistischen Polemik wie der folgenden – bar jeder Selbstkritik, vor allem aber völlig ‚vergessend‘, dass die *anklagenden* Berichte über die in den „Götzendienst“ zurückfallenden Juden in deren eigenen, diesen Dienst nachdrücklich *verbietenden* Heiligen Schrift stehen: „... sie sind Phantom-Anbeter, Anbeter eines Gottes, den sie sich erst machen. Wie in

---

[199] Fontane sah sein Verhältnis zur Bourgeoisie, „die nie tief aus dem Becher der Humanität“ getrunken habe (R 2; 172), wie auch aus seiner „Frau Jenny Treibel“ erhellt, folgendermaßen: „Ich mag in ihren Verdammungsschrei nicht einstimmen, aber ich begreife den Hass gegen dieselbe. Sie legt das Gewicht auf das Fragwürdigste, auf das Geld.“ (W 3; 466)

[200] Th. Fontane, Briefe an Georg Friedlaender, S. 189.

[201] Th. Fontane, Meine liebe Mete, S. 381. – Die bitterste Pointe besteht darin, dass der alt gewordene Sohn Friedrich 1933 folgende alles tat, um seinen Vater den Nazis als Antisemit in ihrem extremen Sinn anzudienen (vgl. M. Fleischer, a.a.O., S. 314–30). Schließlich und endlich: Theodor Fontanes jüdisches Patenkind Hans Sternheim wurde am 4.11.1942 von Berlin nach Theresienstadt deportiert und im Oktober 1944 in Auschwitz ermordet.

ältester Zeit immer Rückfall in den Götzendienst "[202] am „Goldenen Kalb", um das sie „tanzen und *morden*" (R 6; 818).

---

[202] Th. Fontane, Meine liebe Mete, S. 337.

13. Venezianisch-erasmianischer Humanismus. Variationen über Joh. 8,3–11: „L'adultera"

Hommage an Sabine Engel und Martin Leutzsch

Dass Fontane den Juden gleichzeitig das „Gefühl" vorwirft, „ein Liebling *Jehovas* zu sein"[203], hätte er, der ihnen „von Uranfang an etwas dünkelhaft *Niedriges*" nachsagte[204], kaum als Widerspruch angesehen; jedenfalls nicht in den Augenblicken, wo er beispielsweise dem ihm wohlbekannten und zum Protestantismus *übergetretenen* Rabbiner Paul(us) Cassel einen Strick daraus zu drehen versuchte, dass er vom Alten Testament „nicht loskomme"/nicht loskommen *wolle* (R 4;265/6[205]). Fontane wollte das letztlich selbst nicht, konnte es gar nicht, und nicht nur weil dem Belletristen die Hebräische Bibel als ein einziger und unentbehrlicher „Sensationsroman" galt: als „Dreidoppelte Geheimnisse von Paris" (R 2; 100). Seinem *jüdischen* Patenkind Hans Sternheim hat er 1894 zur Konfirmation in das Geschenk eines Neuen Testaments die folgenden Widmungsverse geschrieben: „Das Alte hast du: Hier das Neue./ Dem Neuen die Liebe, dem Alten die Treue,/ So stehe, von nichts geschieden, getrennt,/ Fortan auf *doppeltem* Fundament." (R 6; 548)

Ich habe bereits gezeigt, was wichtiger ist, dass Fontanes eigene Humanität, sein hauptsächlich der klassischen Antike verbundener *Humanismus* auch Altem wie Neuem Testament verpflichtet gewesen ist. Zentraler Beleg war und ist mir dabei

---

203 Th. Fontane, Briefe an Georg Friedlaender, S. 312.

204 Th. Fontane, Brief an Friedrich Paulsen vom 12.5.1898; zit. nach M. Fleischer, a.a.O., S. 211.

205 Mitentscheidend für Fontanes Polemik gegen Cassel war zweifellos dessen engagiertes Eintreten für die Juden gegen Heinrich von Treitschkes Angriffe auf sie. (Vgl. M. Fleischer a.a.O., S. 264) Fontane stand auch hier peinlicherweise an Freund Treitschkes Seite ...

Fontanes höchste Wertschätzung für Joh. 8,7: „... der hebe den ersten Stein auf sie", welch „himmlisches Wort" (R 2; 106) freilich zu kontextualisieren ist; zunächst immanent: Jesus verurteilt die Ehebrecherin zwar nicht, nachdem auf seine Intervention hin auch die Ankläger das nicht mehr getan, sondern wortlos die ‚Gerichtsstätte' verlassen haben, doch lässt er seine Nicht-Verurteilung in die ernst(haft)e Aufforderung/den *Befehl* münden: „... von nun an sündige nicht mehr!" (Joh. 8,11) Diese Ermahnung der Ehebrecherin stellt den ‚Kontrapost' zur Zurechtweisung der Ankläger dar: „Wer von euch ohne Sünde ist, werfe den ersten Stein auf sie!"

Schließlich muss zu Joh. 8,3–11, 8,7 speziell, Jesu anderes Wort hinzugenommen werden: „Ihr habt gehört, dass gesagt wurde, ‚du sollst nicht ehebrechen'. Ich aber sage euch: jeder, der eine Frau auch nur begehrlich ansieht, hat schon in seinem Herzen Ehebruch mit ihr begangen.'" (Matth. 5, 27/8) Der ‚Prophet aus Nazareth' hat das ihm überkommene ‚Mosaische' Gesetz zugleich verschärft wie gemildert, welchem Tatbestand der junge Fontane mit diesen Versen Ausdruck verliehen hat – wenn auch unbewußt: „Woll' *einen* Spruch, woll' *ein* Geheiß/Dir in die Seele schärfen:/ ‚Es möge, wer sich schuldlos weiß,/ Den Stein auf andre werfen!'// *Die* Tugend, die voll Stolz sich gibt,/ Ist eitles Selbsterheben;/ Wer alles *Rechte* wahrhaft liebt,/ Weiß *Unrecht* zu vergeben." (R 6; 294/5)

Diese frühen Verse umschließen in größtmöglicher Kürze die *ganze* Heilige Schrift wie den ganzen, so gar nicht ‚ganzheitlichen' *Fontane*: „Wer alles *Rechte* wahrhaft liebt,/Weiß *Unrecht* zu vergeben." Gerechtigkeit und Milde sind nicht eines, dennoch untrennbar voneinander[206], und nicht nur in sexualibus. Von früh an ist die Episode der Ehebrecherin *analogisiert* und ihre Moral *generalisiert* worden: „Es möge, wer sich schuldlos

---

[206] Vgl. J. Ebach, Tags in einer Wolkensäule, nachts in einer Feuersäule, in: Merkur 605/6 (1999), S. 784–94, bes. 793/4, sowie R. Faber, „Sagen lassen sich die Menschen nichts, aber erzählen lassen sie sich alles", Kap. 5/6.

weiß" – in ganz gleich welcher Hinsicht – „Den Stein auf andre werfen!" Ebenso sind auch die komplementären Verse zu akzentuieren wie folgt: „Wer *alles* Rechte wahrhaft liebt,/Weiß Unrecht zu vergeben" – alles Unrecht, ganz gleich welcher Art.

Bereits im 13. Jahrhundert, bei Ludolf von Sachsen z.B. konnte man lesen: „... die Frau, die beim Ehebruch gefasst wurde, stellt jedwede Person dar, die, mit Christus aufgrund des Glaubens vermählt, durch die Todsünde zur Ehebrecherin geworden ist ... Weil aber der Herr nicht den Tod des Sünders will, sondern vielmehr, dass er sich bekehrt und lebt, sagt er, ‚geh und sündige nicht mehr' ..." – Ich habe dieses Zitat Sabine Engels bisher unpublizierter Dissertation „Christus und die Ehebrecherin. Das venezianische Lieblingssujet des 16. Jahrhunderts im Spannungsfeld von Kirche, Kunst und Staat" entnommen[207], wobei die Deklarierung des „L'adultera"-Motivs zum venezianischen Lieblingssujet auf Jacob Burckhardt zurückgeht.[208]

Der schon von Fontane immer wieder konsultierte Altmeister der Kulturgeschichte meinte freilich, dass das Sujet wohl „nur für den Hausbesitz und nicht für Kirchen gemalt worden sein" könne.[209] Engel stützt Burckhardt in quantitativer Hinsicht außerordentlich – nicht zuletzt dadurch, dass sie zeigt, wie das Sujet bereits vom 12. Jahrhundert an in der Serenissima präsent war und noch die Künstler des Cinquecento die mittelalterliche Ikonographie rezipierten –, sie widerlegt gleichzeitig aber die von Burckhardt behauptete Reduktion auf den Hausbesitz bzw. –gebrauch eindrücklich. Gerade auch für kirchliche

---

[207] Die in Zukunft in Klammern gesetzten Ziffern – mitten im fortlaufenden Text – geben die Seitenzahlen dieser Dissertation an. (Das „Ludolf"-Zitat findet sich auf S. 120.) Noch im Jahre 2012 wird sie in Berlin gedruckt erscheinen.

[208] J. Burckhardt, Der Cicerone. Eine Anleitung zum Genuss der Kunstwerke Italiens, München/Basel 2001, S. 197.

[209] J. Burckhardt, Das Altarbild. Das Porträt in der Malerei. Die Sammler. Beiträge zur Kunstgeschichte von Italien, München/Basel 2000, S. 384 Fn. 2.

und staatliche Räume Venedigs wurde „L'adultera" immer wieder gemalt. Nicht zuletzt ihre Eignung zur „Staatsrepräsentation" bewirkte, dass sie zum venezianischen Lieblingssujet des 16. Jahrhunderts „avancierte", mit welchem Fazit Engels Dissertation schließt. (4 und 294)

Zunächst zeigt Engel freilich, dass „L'adultera" in Venedig insgesamt eher als SünderIn im allgemeinen denn als EhebrecherIn im besonderen aufgefasst wurde. Sie fungierte dort als Projektionsfigur jedes nur möglichen Sünders; des fragilen Menschen als solchen; schließlich des Stadtstaats im ganzen (4,9 und 25):

- Dass in Venedig „adulterium sive peccatum" galt, ist im Kapitelsaal des Benediktinerklosters San Giorgio Maggiore besonders deutlich abzulesen gewesen, wo sich die Mönche während des täglichen Schuldkapitels, ihrer öffentlichen Beichte, mit einer die ganze Frontseite des Saales einnehmenden „L'adultera" Rocco Marconis identifizieren durften und *sollten*, trotz ihrer ganz verschiedenartigen Vergehen. (37)
- Der Abt wiederum war aufgerufen (wie dann auch die hohen und höchsten Staatsbeamten), Strenge stets mit Milde zu verbinden, in Nachahmung des johanneischen Christus und (gleich diesem) eingedenk der schwachen menschlichen *Konstitution*. (232 und 32)

Der Chronist Fortunato Olmo hat Situation und Geschehen im Kapitelsaal von San Giorgio Maggiore detailliert geschildert: „... in der Mitte der Stirnwand befindet sich dort ein sehr berühmtes Gemälde, das die Lossprechung der Ehebrecherin zeigt, die von Christus aus den Händen der anklagenden Pharisäer befreit wurde. Es gibt den Oberen des Klosters zu verstehen, dass sie sich im Korrigieren und Berichtigen der untergebenen Mönche immer an die Nachahmung Christi erinnern müssen, der die Barmherzigkeit über die Verurteilung erhob. Denn in dem

Kapitelsaal klagen sich beinahe jeden Tag diejenigen unter den Mönchen an, die schuldig sind, indem sie sich auf einen bestimmten Stein knien, der in der Mitte des Steinbodens platziert ist ... Daraufhin wird der Schuldige vom Abt getadelt und ebenso, wenn er es verdient, entsprechend seiner Vergehen ... bestraft ... Damit sich aber die Oberen daran erinnern, gütig gegenüber jemandem zu sein, der eine so demütige Haltung an den Tag legt, haben sie nicht nur das Gemälde der ‚Adultera' dort angebracht, sondern ließen desgleichen auf den Stein in der Mitte des Bodens, von dem oben gesprochen wurde, jene unauslöschlichen Worte schreiben, die von einem Heiligen stammen: ‚Nenne du als erster deine Vergehen, damit dir Gerechtigkeit geschieht'" (13/4) – gnadenvolle Gerechtigkeit oder der Gerechtigkeit nicht entbehrende Gnade. Denn:

„... ird'sche Macht kommt göttlicher am nächsten,/Wenn Gnade bei dem Recht steht", wie Engel, jetzt im Blick auf die venezianische *Staats*theologie, den berühmten Gnadenmonolog Portias aus Shakespeares „Kaufmann von *Venedig*" zitiert, auch dem großen Shakespeare-Verehrer Fontane ganz und gar geläufig (trotz oder gerade wegen des nicht geringen Antijudaismus in dieser Tragikomödie[210]). Engel kann darüberhinaus, neben vielen anderen Originalzeugnissen, auf das Gnadengesuch Placido Amerinos vom Juni 1497 verweisen, in dem der Schüler des in Venedig Rhetorik lehrenden Humanisten Giorgio Valla ausdrücklich auf die Johannesperikope 8,3–11 zu sprechen kam und dabei eine enge Verflechtung von venezianischer Gerichts-

---

[210] Vgl. Z. Ackermann/S. Schülting (Hg.), Shylock nach dem Holocaust. Zur Geschichte einer deutschen Erinnerungsfigur, Berlin 2011, vor allem aber J. Heil und B. Wacker (Hg.), Shylock? Zinsverbot und Geldverleih in jüdischer und christlicher Tradition, München 1997, bes. die Beiträge von Heil (Das Geld und das Gold des Kalbes, S. 35–58) und M. Steinbach (Jüdische Bankiers im Venedig der Renaissance, S. 81–100). Ausführlicher mein Exkurs III: Fontane, Joh. 8,3–11, Lessings „Nathan der Weise" und Shakespeares „Der Kaufmann von Venedig". Auch eine Auseinandersetzung mit Eckart Beutel.

barkeit, christlicher „Adultera“ und antik-herrscherlicher „clementia“ unterstellte. (147 und 149/50)

„... mit dem Bild einer Ehebrecherin, das aufgrund des mildtätigen Handelns Jesu an der Frau ... als szenische Darstellung der (humanistischen, R.F.) Herrschertugend ‚clementia‘ aufgefasst werden konnte, propagierten die Venezianer in entsprechenden Staatsämtern“ auch persönlich ihr „buon governo“, wie Engel zeigt. Sie vertritt überzeugend die These, dass besonders im Venedig des 16. Jahrhunderts die Darstellung von Christus und der Ehebrecherin als christliche Ausprägung der „clementia“ vorchristlich-antiken Ursprungs in Erscheinung trat, und betont damit die Bedeutung des Humanismus neben der Theologie für Venedigs politische Ikonologie. (5 und 130)

Im klaren Wissen darum, dass bereits die römischen Protohumanisten Cicero, Seneca usw. die „clementia“ als ein Synonym zur „humanitas“ verwendeten, erwähnt Engel, dass Erasmus von Rotterdam Jesus – eben im Blick auf Joh. 8,3–11 – „dominus *clementissimus*“ genannt hat. Die so moralphilosophische wie -theologische Verbindung zwischen der „clementia“ und der „Adultera“ habe darin gelegen, dass die Perikope selbst die Milde, den Akt des Verzeihens, in den Mittelpunkt stellt. „Die Bibelverse *erzählen* von der Gnade Gottes, meist ‚misericordia Dei‘, aber auch ‚clementia Dei‘ genannt“, indem sie diese sich in und durch Jesu Handeln „manifestieren“ lassen. (154 und 131)

Engel rekurriert hier theologiespezifisch auf eine Glaubensüberzeugung, die zwischen 1535 und 1555 in Italien, nicht nur in Venedig und im Veneto, wenn dort auch im besonderen Maße, Fuß gefasst hatte und von einer außerordentlich großen Heilsgewissheit geprägt war, im Vertrauen auf die unendliche Barmherzigkeit Gottes. Eine frühe Schrift, die maßgeblich zur Herausbildung dieser Anschauung beitrug, ist eben Erasmus’ bereits apostrophierte Schrift „De immensa misericordia concio“ gewesen, erstmals 1524 in Basel gedruckt und dann in drei voneinander unabhängigen Übersetzungen ins Italienische übertragen: Brescia 1542, Venedig 1551, Florenz 1554. Darin heißt es in einem Vergleich zwischen weltlichem und mystischem Ehebruch, unter den alle Sünden zu subsumieren seien:

> „... wenn ein Mann seine Frau nur einmal beim Ehebruch ertappte und sie trotzdem zurücknähme und ihr vergäbe, würde ohne Zweifel jeder sich wundern, dass solch ein sanftmütiger Ehemann zu finden ist, der so eine Frau seines Ehebettes für würdig hält. Wenn darüber hinaus die selbe Frau fortführe das Vertrauen ihres Gatten zu hintergehen, indem sie einmal mit diesem, einmal mit jenem Liebhaber Geschlechtsverkehr hätte, und ihr Ehemann sie trotzdem zurücknähme, würde dann nicht die ganze Stadt sagen, dass er entweder ein ausgesprochener Narr oder der Kuppler seiner Frau ist? – Aber Gott, der unser König ist, unser Vater, unser Herr, unser *Bräutigam*, schließt keine Art von Sünde aus, setzt der Zahl unserer Sünden keine Grenze. Sooft wie wir wieder zu Verstande kommen, wird er die Strafe aussetzen, durch die er mit seinem ewigen Gesetz gedroht hat. Er empfängt uns in seinem Haus und führt uns in sein Schlafzimmer der Liebe. Er empfängt uns nicht nur, sondern vergibt uns auch alle Schuld." (109/10)

Diese Abschnitte stehen überrepräsentativ für viele andere des Traktats, in denen Erasmus die „immensa misericordia" Gottes feiert. Der Rotterdamer legt immer wieder dar, dass die Vergebung bereits dann erteilt wird, wenn der Sünder sich zu Gott bekehrt. Die ausstehende Strafe ist allein schon dadurch erlassen, so dass von Buße keine Rede mehr sein muss. Dennoch darf Erasmus' wiederholte Mahnung, sich erneut „dem Herrn" zuzuwenden keinen Augenblick überlesen werden: „Die Gnade Gottes ist auf uns gekommen, indem der Sohn Gottes zur Erde herabstieg; lasst uns unsererseits zu ihm zurückkehren. Der überaus sanftmütige Herr (= dominus clementissimus) neigte sich herab, um die Ehebrecherin (zum überragenden Beispiel, R.F.) freizusprechen; wir umgekehrt *müssen* unsere Herzen so zu ihm erheben, wie er sich zu uns niedergebeugt hat." (110/111)

Ich denke keinen Augenblick daran, Fontane auf solch erasmische Soteriologie bzw. Theologie festzulegen, und nicht nur weil er gar kein Theologe war – Systematik ging ihm an sich ab –, doch einen ‚Erasmianer' im weiteren Sinn möchte ich ihn nennen: einen späten Vertreter jener „Dritten" humanistischen „Kraft", die Friedrich Heer zur Zeit des Kalten Krieges „zwischen den Fronten des konfessionellen Zeitalters" ausgemacht hat[211]; einen – gleich Wilhelm von Humboldt – nicht einfach ungläubigen, doch weithin agnostischen und deshalb nichtchristlichen Erben des immer schon konfessionsfernen Renaissancehumanismus. Nicht zuletzt Fontanes Vorliebe für eine *venezianische* „L'adultera"-Darstellung[212] und sein ständiges

---

[211] Vgl. Fr. Heer Die Dritte Kraft. Der europäische Humanismus zwischen den Fronten des Konfessionellen Zeitalters, Frankfurt/M. 1959; sekundär: R. Faber, „Geschichte ist Gegenwart." Die Tragödie des Heiligen Römischen Reiches, die politische Religiosität des Dritten Reiches und der Aufgang Europas, Mutter der Revolutionen, in der Sicht eines Offenen Humanismus, in: ders. (Hg.), Offener Humanismus zwischen den Fronten des Kalten Krieges. Über den Universalhistoriker, politischen Publizisten und religiösen Essayisten Friedrich Heer, Würzburg 2005, S. 127–50, sowie K. Garber, Wege in die Zukunft. Friedrich Heers „Die Dritte Kraft" als europäisches Vermächtnis, in: R. Faber/S.P. Scheichl (Hg.), Die geistige Welt des Friedrich Heer, Wien u.a. 2008, S. 107–28. – Was Fontane angeht, rekurriere ich ein weiteres Mal auf seine Würdigung von Andreas Fromm, in der es u.a. heißt: „Er war einfach ein Mann, der in einer kirchlichen Zeit, die durchaus ein ‚Entweder-Oder' verlangte, sich mit Wärme für ein ‚Weder-Noch' entschied. Er war ein *feinfühliger* Mann, dem alles Gröbliche und Rücksichtslose widerstrebte, er war ein *freisinniger* Mann, dem alles tyrannische Wesen, gleichviel ob es Hof oder Geistlichkeit, Volk oder Regierung übte, widerstand. Als der lutherische Zelotismus drückte und peinigte, neigte er sich dem glatteren und mehr weltmännischen Calvinismus zu, als umgekehrt die Reformierten Gewissenszwang zu üben begannen, stellte er sich wieder – nicht der Dogmen halber, sondern als *freier* Mann – auf die lutherische Seite. Es gebrach ihm an dogmatischer Strenge das wird zuzugeben sein, aber er hatte die schönsten Seiten des Christentums: *die Liebe und die Freiheit*." (W 1; 79/80)

[212] Diese stammt zwar nicht, wie Fontane und lange auch die Sekundärliteratur annahmen, vom Venezianer Tintoretto persönlich, ist aber *in Venedig* von einem Hans Rottenhammer gemalt worden, „im Stil Tin-

Umkreisen bzw. Allegorisieren der ihr zugrundeliegenden Bibelstelle Joh. 8,3–11 veranlasst mich dazu: „... der hebe den ersten Stein auf sie.“[213]

torettos“. (Vgl. I. Wagner-Douglas, Alte Meister. Von der Bildersprache zum Sprachbild, in: C. Keisch u.a. (Hg.), Fontane und die bildende Kunst. Ausstellungskatalog. Staatliche Museen zu Berlin, Nationalgalerie, Berlin 1998, S. 237 Fn. 29) Ich gebe den „Rottenhammer“, der seit langem in Kopenhagen hängt, auf der Rückseite meines Covers wieder. (Ich danke Sabine Engel für die Beschaffung Rottenhammers herzlich. Andere KollegInnen, denen ich für wichtige Hilfestellungen verpflichtet bin, sind: Claudia Albert, Jürgen Ebach, Magdalene. Frettlöh, Martin Leutzsch, Uwe Puschner und Thomas Schröder.)

[213] Daß die Periskope Joh. 8,3–11 ‚unkanonisch‘ ist, war schon des Erasmus historisch-kritische Einsicht, doch hat sie ihn kein bißchen gehindert, mit ihr umzugehen und sie argumentativ einzusetzen. Mir erscheint das als bleibend vernünftig.

Exkurs I: Integrierte Staatsbürgergesellschaft versus Klassenkampf von oben wie unten. Im Anschluss an Gudrun Loster-Schneider*

Paul Göhre trat bereits 1901, nur zwei/drei Jahre nach Fontanes Tod, der SPD bei und wurde bald einer ihrer Reichstagsabgeordneten. Fontane wäre nie der SPD beigetreten, überhaupt keiner Partei, doch auch gewählt hätte er die Sozialdemokraten, jedenfalls im Kaiserreich, bestimmt *nicht*. Allerdings hatte ihr sich abzeichnender Revisionismus bzw. Reformismus, unter Zurückdrängung nahezu alles Revolutionären, seine starken Vorbehalte gegen sie abgebaut. Und umso leichter, als Fontane trotz auch in seinem Fall nicht unpanischer Revolutionsfurcht (144 ff.) gegenrevolutionären *Über*reaktionen in Art der Bismarckschen Sozialistengesetze immer schon reserviert gegenüber gestanden war. Für ihn waren im Unterschied zum „Eisernen Kanzler" nicht ‚mehr Staat' und gesellschaftliche Verhetzung die Heilmittel gegen die sozialistische Agitation, sondern eine auf dem Wege politischer Verständigung anzustrebende Integration der Arbeiterschaft in den bürgerlichen Nationalstaat (231), so wie sie Friederich Naumanns National-Soziale, schließlich Sozial*liberale* auch anstrebten.

Fontane verlangte, gleich ihnen, von *allen* Seiten Kompromissbereitschaft, war doch auf ‚gerechtem' Ausgleich beruhender sozialer Friede sein höchstes Ziel; nicht mehr aber auch nicht weniger. Wie bescheiden dieses war, zeigt sich politisch darin, dass er die – sogar bürgerliche Parlamentsherrschaft verunmöglichende – Reichsverfassung, als auch noch die Arbeiterschaft integrieren könnende Kompromißformel, verteidigte (im Unterschied zum späten Naumann). Andererseits sollte deren positive Potenz in Richtung auf eine wahrhaft pluralistische,

* Die in Klammern gesetzten Seitenzahlen beziehen sich auf deren Dissertation „Der Erzähler Fontane. Seine politischen Positionen in den Jahren 1864–1898 und ihre ästhetische Vermittlung" (Tübingen 1986).

auch die Arbeiterschaft einbeziehende Staatsbürgergesellschaft möglichst schnell *aktualisiert* werden.

Retrospektiv ausgedrückt: Fontane wollte den historischen Kompromiß der Rechts- bzw. Nationalliberalen der Nach-48er-Zeit fortschreiben. Auch der „Vierte Stand" sollte nicht länger außen vorbleiben, doch noch weniger als der dritte sollte er zur *Herrschaft* gelangen. „Obenauf" sollten auch Fontanes, nicht nur des alten Stechlin Meinung nach „die Glosbower (Proletarier)" durchaus *nicht* kommen (R 5; 367). Mehr noch als jede andere war ihm sozialistische, gar kommunistische Revolution eine gefährliche Illusion. Das vor allem sollte Fontanes Fragment gebliebener „Likedeeler"-, also ‚Gleichteiler'-Roman (R 7; 518 ff.) erweisen.

Uns hier interessiert er gerade auch deshalb, weil Fontane – jedem Dogmatismus, gar Fanatismus abhold – zwar nicht in Art des parteiischen Luther der Bauernkriege einseitig gegen das „Schwärmertum" wetterte, doch den von den Anhängern des frühreformatorischen Wicliff propagierten Ideen einer urchristlichen Gerechtigkeit, hier auf Erden gleichfalls eine klare Absage erteilte. Diese seien *schlecht* utopisch (ohne Adel, Bourgeoisie und hohem Klerus Blankoschecks ausstellen zu wollen).

Nur konsequent hat Fontane auch brieflich festgehalten, die „Jeremiasse" stellvertretend für alles über das rein Ethische ins Sozialrevolutionäre reichende Prophetentum nennend: „... das Politikmachenwollen nach Sittlichkeitsgesetzen, also auf dem Fundament göttlicher Gerechtigkeit erscheint als etwas nicht bloß Unfruchtbares, sondern ... als etwas geradezu zu *Bekämpfendes*." Die „Jeremiasse" hätten freilich „die (rote?) Fahne hoch zu halten" (160) – und mit ihr unterzugehen?

Mein Fragezeichen ist ein fast nur rhetorisches; denn die staatsterroristische Niederschlagung der Pariser „Commune" vor Augen, hat Fontane zu Protokoll gegeben, freilich schon 1871: „Tollheitsausbrüche, sobald die Macht wieder Macht wird, sind immer in derselben Weise gezügelt worden. *Und mit*

Recht.“ (Aus den Tagen der Okkupation, S. 382) Fontane war in politicis kein vollgültiger Humanist oder, um zu spezifizieren, wie anachronistisch auch immer: Als Sympathisant, gar Aktivist von „Amnesty International“ ist er kaum vorstellbar gewesen – wohl auch in seinem letzten Lebensjahrzehnt nicht.

Exkurs II: Fontanes Schriften „Kriegsgefangen“ und „Aus den Tagen der Okkupation“, 1870/71. Würdigende Anmerkungen

„Aus den Tagen der Okkupation“ ist nicht frei von ressentimenthaften Negativurteilen über Frankreich und die Franzosen; vgl. bes. S. 152/3 und 290. Doch in globo heißt es S. 221: „ ... sie haben ihre nationalen Fehler, aber – wer hätte sie *nicht*?“ Und das zum Schluss folgender Passage: „Wer nicht bloß die Oberfläche französischen Lebens kennengelernt hat, wer in die Lage gekommen ist, in Schlössern und Herrenhäusern zu leben, an den Tafeln der Maires zu essen, mit Patriziatsfamilien zu plaudern, Einblicke zu gewinnen in ihr soziales und häusliches Leben, der wird nicht umhinkönnen, mit Hochachtung von dieser Gesellschaftsschicht zu sprechen und in dem Ton, der in solchen Kreisen herrscht, immer noch ein Vorbild wahrhaft feiner Sitte zu erkennen.“ (S. 220)

Fontane, dem man in Deutschland nach Erscheinen seines (in Frankreich sehr positiv aufgenommenen) „Kriegsgefangen“ wahres Deutschtum abgesprochen, ja „Gallomanentum“ zugesprochen hat, versäumt in „Aus den Tagen der Okkupation“ nicht zu betonen, „dass ich bei älteren, ruhiger gewordenen und höhergestellten Offizieren, zumal wenn sie der französischen Sprache leidlich mächtig waren, einer Bausch-und-Bogen-Verurteilung der französischen Nation *nicht* begegnet bin“. (S. 234 und 211)

Er selbst ist in aller Regel nicht nur ‚ausgewogen‘ in seinem Urteil, sondern oft ausgesprochen positiv, wie wir exemplarisch schon gehört haben, und eben auch im auf „Kriegsgefangen“ folgenden Buch. Vgl. z.B. S. 111, 155 und 163, wo beim Länder- und/oder Nationenvergleich Frankreich/die Franzosen besser als Deutschland/die Deutschen abschneiden. „In nichts ... dem Deutschtum rücksichtslos verfallen“ (S. 292), lässt Fontane (wie Gotthard Erlers „Nachwort“ zu „Aus den Tagen der Okkupation“ mit Recht resümiert) „das unterlegene, vielgeschmähte Frankreich ... als ein bedeutendes europäisches Kulturland erscheinen“ (S. 397), und auch auf die Gefahr hin, für „allzu franzosenfreundlich“ angesehen zu werden (S. 187).

Fontane schließt es, wie schon im ersten Buch, nicht aus, dass „gut-national“ und „guter Freund“ des jeweils anderen sein, „mitten im Krieg“, nebeneinander bestehen können (Kriegsgefangen, S. 180). Die „transvogesische“ Nachbarschaft (Aus den Tagen der Okkupation, S. 30) ist sowieso nicht aufgebbar: *darf* nicht aufgegeben werden. Fontane plädiert nachdrücklich, alles andere als dem preußisch-deutschen Mainstream folgend, für Verständigung und Versöhnung: einen *dauerhaften* Frieden mit Frankreich. Auch aus – höchst ehrenwertem – Eigeninteresse; früh die Revanche-Gefahr erkennend, möchte er sie gar nicht erst aufkommen lassen ...

Exkurs III: Fontane, Joh. 8,3–11, Lessings „Nathan der Weise" und Shakespeares „Der Kaufmann von Venedig". Auch eine Kritik an Eckart Beutel

Marion Steinbach hat herausgearbeitet, dass das Stereotyp vom habgierigen jüdischen Geldverleiher Shylock, der dem Christen seine Konditionen des Geldgeschäfts aufzwingt, von Shakespeare völlig zu unrecht in der Lagunenrepublik angesiedelt wurde. Vielmehr übten die Juden in Venedig gezwungenermaßen, reglementiert und von den venezianischen Behörden kontrolliert, die Tätigkeit als Bankiers aus. Zugleich weist Steinbach darauf hin, dass die venezianische Obrigkeit die Juden zwar marginalisierte, sie jedoch stets als einen wichtigen Bestandteil der venezianischen Gesellschaft behandelte und vor antijüdischer Polemik schützte[214]:

„Bezeichnenderweise wurde in Venedig (1590) die Erstausgabe der Biographie von Papst Sixtus V. publiziert, eine Schrift, in welcher die Legende vom habgierigen jüdischen Geldverleiher Shylock mit vertauschten Rollen wiedergegeben wird: Der venezianische Autor präsentiert *den Juden* als denjenigen, der einer verlorenen Wette wegen ein Stück Fleisch aus seinem Körper an den Gewinner zu entrichten hatte."[215]

Shakespeare hat diese ‚Urgeschichte' antijudaistisch *umfunktioniert*, mit der Pointe allerdings, dass auch seine Version gegen den Strich gelesen bzw. *inszeniert* werden kann. Dazu vergleiche Hans-Peter Bayerdörfer, *Shylock* auf der deutschen Bühne nach der Shoah[216]. – Schon Joh. 8,3–11 ist seiner Pharisäer-Polemik wegen alles andere denn ohne antijudaistischen Ansatz, jedenfalls immer wieder – unter Einschluss Fontanes –

---

[214] Vgl. M. Steinbach, Jüdische Bankiers im Venedig der Renaissance. Eine Symbiose gemäß den Maximen der Staatsräson, in: J. Heil und B. Wacker (Hg.), Shylock? Zinsverbot und Geldverleih in jüdischer und christlicher Tradition, München 1997, S. 81.

[215] Ebd., S. 99.

[216] In: J. Heil und B. Wacker (Hg.), a.a.O., S. 261–80.

antijüdisch bis antisemitisch rezipiert worden.[217] Diese Rezeptionsweise ist aber keineswegs zwingend. Ich jedenfalls schlage eine so universalistische wie humanistische Lektüre der Perikope vor, die dann gerade auch den immer wieder diskriminierten und verfolgten Juden zugute kommt: ‚Wer von euch „Christen" kein Pharisäer in euerem pejorativen Sinn ist, der hebe den ersten Stein auf sie' – „die Pharisäer".

Nicht zuletzt Fontanes universalistischer Humanitätsdiskurs ist ein inkonsequenter, indem er die Juden – sie allein – von ihm ausschließt. Konform seines Freundes Heinrich von Treitschke Polemik gegen „weichliche Philanthropie" ihnen gegenüber, verbittet auch er sich „humanistische Redensarten" zu ihren Gunsten und gibt damit Lessings „Judengeschichte", seine „Nathanschaft", auf denunziatorische Weise preis: „Nathan war im Jahrhundert der Aufklärung eine wundervolle Dichtung, Nathan im Jahrhundert der offenbarsten Judenherrschaft, die sonderbarerweise ‚Judenhetze' genannt wird, widersteht mir." Fontane *will* die unbedingte Beendigung der (nicht zuletzt von Humboldt betriebenen) Judenemanzipation: ihre Rückgängigmachung in Form von die Juden *nachhaltig* diskriminierenden Sondergesetzen.[218]

Michael Fleischer hat all dies mit Recht herausgestellt, ich bezweifle nur, dass Fontane die Aufklärung und die ihr zentrale Toleranzidee *insgesamt* preisgegeben hat[219]. Schon Peter Goldammer hat in Fontanes angeblicher (Total-)Absage an die Auf-

---

[217] Vgl. nicht zuletzt K. Wengst, Das Johannes-Evangelium. 1. Teilband: Kapitel 1–10, Stuttgart u.a. 2000, S. 301–8, bes. 303 und 306–8.

[218] Vgl. M. Fleischer, „Kommen Sie, Cohn.", S. 91, 256, 277 und 92; was Treitschke angeht, vgl. auch J. Ebach, Anmerkungen zur Lektüre von Heinrich von Treitschkes Artikel „Unsere Ansichten", in: D. Bockermann (Hg.), Freiheit gestalten. Zum Demokratieverständnis des deutschen Protestantismus. Kommentierte Quellentexte 1789–1989, Göttingen 1996, S. 64–175.

[219] M. Fleischer, a.a.O., S. 259.

klärung den Grund für seine Judenfeindschaft gesehen[220], ich dagegen bin mir sicher, dass Fontanes Antisemitismus das Primäre gewesen ist; *er* hat ihn zu einer partiellen, freilich alles andere denn vernachlässigbaren Revision des aufklärerischen Toleranzgedankens veranlasst: zu seiner *un*tolerierbaren Einschränkung, was die Juden angeht. Meiner festen Überzeugung nach verwickelte er sich dadurch in einen *Selbst*widerspruch, der aufgelöst werden muss, aber auch aufgelöst werden *kann*; denn, mit Fontanes eigenem Grund-Satz: „Mensch ist Mensch" – schwach, aber gerade deshalb jeder Schonung und Hilfe nicht nur bedürftig, sondern auch *würdig*: „Die Würde *des* Menschen ist unantastbar." (Art. 1 des Grundgesetzes der Bundesrepublik Deutschland)

Pathos hin oder her, mir ist diese – wenn auch nur implizite – Teleologie des Fontaneschen Humanismus wichtig, weil ich ihn als einen primär ‚säkularen' verstehe, so wie ich (mit Hubert Cancik[221]) auf der klassisch-antiken Deszendenz und zunächst außer- bis unchristlichen Fortschreibung des Menschenwürde-Diskurses insistiere. Auf jeden Fall besitzt keine Art Christentum ein *Monopol* auf ihn.

„Wahre Menschenliebe"/*Humanität* ist keineswegs auf sie angeblich „erst eröffnende Religiosität" angewiesen, wie Eckart Beutel in seinem Fontane-Buch behauptet[222]. Gerade im Fall des Humboldtianers Fontane trifft dies *nicht* zu. Beutel zitiert wie ich dessen Beschreibung der Humboldtschen Begräbnisstätte in Gänze, ohne jedoch den von Fontane hervorgehobenen Ver-

---

220 P. Goldammer, Nietzsche-Kult – Antisemitismus – und eine späte Rezension des Romans „Vor dem Sturm". Zu Fontanes Briefen an Friedrich Paulsen, in: Fontane-Blätter 56 (1993), S. 59.

221 Vgl. nicht zuletzt H. Cancik, „Die Würde des Menschen ist unantastbar". Religions- und philosophiegeschichtliche Bemerkungen zu Art. I, Satz 1 GG, in: ders., Antik. Modern. Beiträge zur römischen und deutschen Kulturgeschichte, Stuttgart. Weimar 1998, S. 267–91.

222 Vgl. E. Beutel, Fontane und die Religion. Neuzeitliches Christentum im Beziehungsfeld von Tradition und Individuation, Gütersloh 2003, S. 148.

zicht auf den „siegesgewissen“ Kreuzesglauben und die „klassisch-antike“ Deszendenz des an seine Stelle getretenen Humanitäts-„Geistes“ zu apperzipieren oder gar – wie Fontane – zu affirmieren.[223]

Beutel wendet sich verdienstvollerweise gegen Theodor Nipperdeys abwertende Rede von einer „humanistisch *reduzierten* Form ursprünglicher Religion“ bei Fontane[224], doch nur um den *von ihm* hochgeschätzten Humanismus Fontanes prinzipiell zu taufen, nicht irgend dogmatisch, dennoch aber „prinzipiell“ christlich. Beutel sieht ihn sogar auf die „Tradition der institutionalisierten“, also *kirchlichen* „Religion“ bleibend verwiesen.[225] Unbeschadet dessen bestreitet er, ‚klassisch‘ apologetisch, „jedes apologetische ... Interesse“ seiner „Theologie“[226] ...

223 Noch bei der Humboldtschen „Spes“ handelt es sich um eine ‚pagane‘ Göttin, wenn auch nur allegorisch aufgefasst.

224 E. Beutel, a.a.O., S. 15.

225 Vgl. ebd., S. 195, 223 und 227.

226 Ebd., S. 7.